KB176375

목차

머리말

화학공학과 교수로서 학생들과 함께 논문을 쓰면서 언젠가 대학원생들을 위한 "영어 논문 쓰기" 책을 하나 만들어 보고 싶다는 꿈을 가지고 있었다. 정년퇴직 후 그 꿈이 이루어지게 되어 기쁘면서도 한편 독자의 반응이 어떨까 두렵다.

이 책은 자연과학, 공학, 의학, 약학, 보건학 등 과학기술 분야에 재학 중인 대학생, 대학원생의 저널 논문 작성에 맞추어 집필되었으며 학위논문, 보고서 작성에도 응용할 수 있을 것으로 기대된다. 우선, 한국어로 문장을 생각한 다음 이것을 영어로 옮기는 방식을 택하고 있으므로 원어민과 같은 언어적 사고에 익숙한 사람들에게는 낯설게 느껴질 것이다.

중학교, 고등학교 때 배웠던 영문법 중에서 과학기술 논문 작성과 관련 없는 부분과 활용 빈도가 낮은 것들은 제외하였고, 아주 초보적인 문법은 이미 알고 있는 것으로 간주하였으며, 여러 분야 전공자들의 이해를 돕기 위해 지나치게 전문적이지 않은 과학기술 예문들을 사용하였다.

영어 문장을 구성하는 기본요소들에 대하여 예문 위주로 그 사용법을 설명한 후, 기본요소들을 통합하여 하나로 묶는 영어 문장 만들기 8단계를 제시하였다. 숙련을 거듭함에 따라 단계를 점점 건너뛰고 마침내 영어 문장이 머릿속에서 단번에 튀어나오는 수준에 이르게 되길 소망한다. 영어 문장 만들기에 이어 논문의 제목, 요약, 서론, 본론, 결론 작성 등 논문의 구성 방법을 소개하였고, 마지막으로 전공 분야 공통으로 서론, 결과, 고찰 항목에 자주 등장하는 영어 표현들을 실었다. 이 책에 소개된 370여 개의 예문은 과학기술 영어 논문 작성 틀(template)로서의 활용 가치가 있을 것으로 기대된다.

요즈음 구글 번역기, 파파고 번역기 등 영문 번역기의 성능이 날로 개선되고

과학기술 논문 영어로 쓰기
—영작문을 중심으로

박균영 지음

Soljai 출판

있기는 하나 과학기술 저널에 제출될 수 있는 논문 작성 수준에는 아직 이르지 못하고 있다고 생각한다. 아무쪼록 이 책이 과학기술 전공자들의 영어 논문 작성에 조금이나마 도움이 되기를 바란다.

대학원 시절 저자의 서투른 영어 논문 원고를 인내심을 가지고 읽고 교정해 주셨던 텍사스 대학교 Thomas F. Edgar 교수님께 감사드린다. 로스앤젤레스 캘리포니아 대학교에서의 연구년 시절, 논문을 함께 쓰면서 영어 표현에 관하여 조언을 주신 Sheldon K. Friedlander 교수님께도 감사드린다. 그리고, 보다 나은 영어 논문을 쓰기 위해 의견을 나눴던 공주대학교 실험실 학생들과 동료 교수들, 책 쓰기를 마칠 수 있도록 성원해준 가족들에게 고마움을 전하고 싶다.

01

1장 a와 the의 사용법

a와 the의 사용법

한국인이 영어 논문을 쓸 때 a(부정관사), the(정관사)의 사용에 있어서 실수를 많이 하게 되는데, 그 이유는 영어와 달리 한국어에는 정관사와 부정관사의 개념이 없기 때문이다. a와 the는 명사의 앞에 붙이며 명사 앞에 형용사가 있으면 그 형용사 앞에 붙인다. 일반적으로 명사가 특정되지 않았을 경우 a를, 특정되어 있으면 the를 붙인다. 다시 말하면, 명사에 "하나의"를 붙였을 때 논리적 모순이 없으면 a를, "그"를 붙였을 때 논리적 모순이 없으면 the를 사용한다.

〈예문〉

We developed a reactor. The reactor is small.

(우리는 반응기 하나를 개발했다. 그 반응기는 작다)

이 문장에서 명사는 reactor(반응기)이며 두 군데에 나온다. 첫 번째 reactor 앞에 "하나의"라는 말을 붙였을 때 논리적 모순이 없으므로 a를, 두 번째 reactor 앞에 "그"를 붙였을 때 논리적 모순이 없으므로 the를 사용하였다.

위와 같은 a, the의 선택 기준은 간단하면서도 많은 경우에 들어 맞기는 하나, 이 기준만으로는 해결되지 않는 경우도 상당하다. 따라서, a와 the의 사용법에 대하여 보다 자세히 설명하고자 한다.

1.1 a의 사용법

특정되지 않은 단수형 셀 수 있는 명사에 한해서 a를 붙인다.

1.1.1 셀 수 없는 명사 앞에는 a를 붙이지 않는다.

셀 수 없는 명사는 특정되어 있지 않아도 a를 붙일 수 없다. 주어진 명사가 셀 수 있는 명사인지 아닌지는 사전에 나와 있고, 어떤 명사는 사용 용도에 따라 셀 수 있는 명사가 되기도 하고 셀 수 없는 명사가 되기도 한다.

〈예문〉

We need new equipment to replace the engine with a new one.

(우리는 그 엔진을 새것으로 교체하기 위해서 새로운 장비가 필요하다)

"equipment(장비)"는 특정되지는 않았으나, 셀 수 없는 명사이기 때문에 "new" 앞에 a를 붙이지 않는다.

셀 수 없는 명사이기 때문에 복수형도 없다. 따라서, "장치들"을 영어로 표현하고자 할 때, "equipments" 대신 "pieces of equipment"로 한다.

〈예문〉

We performed research to investigate the mechanism of the chemical reaction.

(우리는 그 화학반응의 메커니즘을 밝히기 위하여 연구를 수행했다)

"research" 또한 셀 수 없는 명사로서 a를 붙이지 않는다. "research"와 비슷한 뜻으로 "study"가 있는데 "study"는 셀 수 있는 명사이기 때문에 "a study" 또는 복수형 "studies"로 표현할 수 있다.

이 밖에도 셀 수 없는 명사로는 information, feedback, knowledge, machinery, milk, oil, revision, software, water 등이 있다.

1.1.2 복수 명사 앞에는 a를 붙이지 않는다.

〈예문〉

We need data to support the hypothesis that male students perform better in science than female students.

(과학에 있어서 남학생이 여학생보다 잘한다는 가설을 뒷받침하기 위해서 데이터가 필요하다)

"data"는 이미 "datum"의 복수이기 때문에 a를 붙이지 않는다. 이 밖에도 단수인듯 하나 복수인 명사에는 nuclei(핵), fungi(곰팡이), cattle(소), species(종) 등이 있다.

1.1.3 a와 an

a 대신에 an을 사용하는 경우가 있다. 뒤에 따라오는 단어의 발음이 모음으로 시작되면 a 대신 an을 사용한다.

〈예문〉

We evaporated the water in a drum with a used heater within an hour.

(우리는 드럼 속의 물을 중고 히터로 1시간 내에 증발시켰다)

이 문장에서 drum 앞에 붙여진 a는 drum의 발음이 자음으로 시작되기 때문에 그대로 둔다. 다음, "used"의 첫 글자는 알파벳 상으로는 모음이지만 발음은 "yuuzd" 로써 자음인 y로 시작되므로 a를 붙인다. 원어민이 아닐 경우 이러한 발음상의 미묘한 차이점을 알아차리기 어렵다. 마지막으로, "hour"는 단어의 첫 글자가 자음인 "h"이지만 발음에서는 "h"가 생략되고 그 다음의 모음으로 시작되기 때문에 a 대신에 an을 사용한다.

1.2 the의 사용법

the는 a와 달리 셀 수 있는 명사, 셀 수 없는 명사, 단수 명사, 복수 명사 가리지 않고 앞에 언급되었거나 그렇지 않아도 의미상 특정되어 있는 명사 앞에 붙인다.

〈예문〉

The gas-phase synthesis of nanoparticles was carried out in a tubular reactor.

(그 나노입자 기상 합성은 튜브형 반응기 내에서 수행되었다)

나노입자 기상합성에는 여러 가지가 있겠으나 그것으로 특정하는 경우 예문에서처럼 the를 붙인다.

"gas-phase synthesis" 앞에 The 대신에 A를 붙여 사용하는 것도 문법적으로 가능하다. 그러나, 그 뜻은 "특정되지 않은 하나의 나노입자 기상합성"으로 달라진다.

"gas-phase synthesis"가 특정되지 않고 일반적 의미로 사용될 경우에는 다음 예문에서 보는 바와 같이 a, the 모두 붙이지 않는다.

〈예문〉

Gas-phase synthesis of nanoparticles is of interest because of its ability to generate dry particles directly.

(나노입자의 기상 합성은 건조한 입자를 직접 만들 수 있는 능력이 있기 때문에 흥미롭다)

1.2.1 관용적으로 the를 붙이는 경우가 있다.

명사의 특정 여부를 떠나 관용적으로 the를 붙이는 경우가 있다. 예를 들면 세상에서 유일한 것(the sun, the moon, the earth 등), 명사가 최상급 형용사, only, very, same 등에 의해 수식될 경우, 또는 고유명사 앞에 the가 관용적으로 붙는 경우(the Unites State of America, the Koreans, the Han River, the Pacific Ocean) 등이다.

1.2.2 관용적으로 the를 붙이지 않는다.

요일이나 달(Monday, January 등), 운송 수단(by car, by train, by air, on foot 등), 식사(breakfast, lunch, dinner 등), sort/kind/type of 다음에 나오는 명사에는 the를 붙이지 않는다. 이외에도 관용적으로 the를 붙이지 않는 경우를 살펴보면, go to (school, jail, work, church), at hand, at home, on time, in bed, on top of, at night, at present, in short 등이다.

1.2.3 일련번호가 매겨져 있는 명사 앞에는 the를 붙이지 않는다.

〈예문〉

Figure 1 shows a schematic diagram of the experimental apparatus.

(그림 1은 그 실험 장치의 개략도를 보여주고 있다)

"Figure 1" 앞에는 "a"나 "the"를 붙이지 않는다. "Figure 1" 은 문장 내 위치에 관계없이 대문자로 시작한다. "Figure 1"은 "Fig. 1"로 표기되기도 한다. 그림뿐만 아니라 번호가 매겨진 표(예를 들면 Table 1)에도 the를 붙이지 않는다.

〈예문〉

Equation (1) shows the mass balance of the chemical reaction.

(방정식 1은 그 화학반응의 물질수지를 보여주고 있다)

"Equation (1)"은 저널에 따라 "Eq. (1)", "Eq 1", "eq 1" 등으로 표기하기도 하며, a나 the를 붙이지 않는다.

1.3 a, the 사용법 요약

위에 기술한 a, the의 사용법을 요약하면 다음과 같다.

(1) 셀 수 있는 명사가 단수형으로 사용될 경우 명사 앞에 "하나의"를 붙였을 때 논리적으로 모순이 없으면 a 또는 an(따라오는 단어의 발음이 자음이면 a, 모음이면 an)을 붙이고, "그"를 붙였을 때 논리적으로 모순이 없으면 the를 붙인다.

(2) 셀 수 있는 명사가 복수형으로 사용될 경우 "그"를 붙였을 때 논리적으로 모순이 없으면 정관사 the를 붙이고, 그렇지 않을 경우 아무것도 붙이지 않는다.

(3) 셀 수 없는 명사에 "그"를 붙였을 때 논리적으로 모순이 없으면 the를 붙이고, 그렇지 않을 경우 붙이지 않는다.

(4) 명사 다음에 일련번호가 붙어 있을 경우 그 명사 앞에는 a나 the를 붙이지 않는다.

(5) 명사 앞에 관용적으로 the를 붙이는 경우, 붙이지 않는 경우가 있는데, 이것들은 외우는 수밖에 없다.

1.4 a, the 적용 연습

a, the의 적용 연습을 위해 5개의 연습 문제와 각각에 대하여 해설을 실었다. 각 문제는 관사의 개념 없이 한국어를 영어로 옮긴 것이다. 필요한 곳에 a, the를 넣어 본 후 해설을 읽어 보기 바란다.

1.4.1 연습 1

Do not use abbreviation in title of paper.

(논문의 제목에는 약자를 사용하지 마세요)

이 문장에는 3개의 명사 "abbreviation", "title", "paper"가 포함되어 있는

데 모두 셀 수 있는 명사이다. "paper"가 종이의 의미로 사용이 될 경우에는 셀 수 없는 명사이나 논문의 의미로 사용될 경우에는 셀 수 있는 명사이다.

이 문장에서 "약자(abbreviation)"가 특정된 것이 아니기 때문에 단수형으로 "an abbreviation" 또는 복수형으로 "abbreviations"로 할 수 있으나, 논문의 제목에 약자가 하나만 나오는 것이 나오고 여러 개 나올 수도 있으므로 복수형으로 나타내는 것이 좋다. "title(제목)"은 어떤 논문의 제목으로 특정되었으므로 그 앞에 the를 붙인다. 한편, "paper(논문)"는 특정된 것이 아니고 "하나의" 논문이라고 하는 것이 논리적이고, 따라서 a를 붙인다.

결과적으로 수정된 문장은 다음과 같다.

Do not use abbreviations in the title of a paper.

1.4.2 연습 2

Experiment was carried out in cylindrical reactor.

(실린더 형태의 반응기에서 실험이 수행되었다)

이 문장에는 2개의 셀 수 있는 명사 "Experiment(실험)" 와 "reactor(반응기)"가 포함되어 있다. 실험이 특정된 것이 아니기 때문에, 실험이 한 번만 이루어졌으면 "An experiment"로 여러 번 이루어졌으면 "Experiments"로 한다. 반응기가 특정된 것이 아니고 "하나의" 반응기에서 실험이 수행된 것으로 보는 것이 타당한 것으로 보이며, 따라서 a를 붙여 "a cylindrical reactor"로 한다. 명사 앞에 "cylindrical"이라는 형용사가 있기 때문에 a를 그 형용사 앞에 붙였다.

실험을 단수로 보느냐 아니면 복수로 보느냐에 따라 위 문장은 다음과 같이 2가지로 수정되었다.

An experiment was carried out in a cylindrical reactor.

Experiments were carried out in a cylindrical reactor.

1.4.3 연습 3

Experiments were carried out in a cylindrical reactor. Operating conditions of experiments are shown in Table 1.

(실린더 형태의 반응기에서 실험이 수행되었다. 실험의 운전조건들을 표 1에 나타내었다)

첫 번째 문장은 〈연습 2〉의 결과를 사용하였다. 두 번째 문장에는 2개의 셀 수 있는 명사 "operating condition(운전 조건)", "experiment(실험)"와 1개의 셀 수 없는 명사 "Table 1(표 1)"이 포함되어 있다. "실험"이 앞 문장에서 언급되었으므로 특정된 것이고 따라서 the를 붙여 "the experiments"로 한다. "운전조건들"은 앞에서 언급된 바는 없으나, 의미상 "그 실험"의 운전조건들로 특정되어 있기 때문에 the를 붙여 "the operating conditions"으로 한다. "Table 1"은 명사에 일련번호가 붙어있기 때문에 아무런 관사를 붙이지 않는다.

결과적으로 수정된 문장은 다음과 같다.

Experiments were carried out in a cylindrical reactor. The operating conditions of the experiments are shown in Table 1.

1.4.4 연습 4

Symptom is very important in clinical diagnosis and treatment of disease. Primary symptoms of heart attack are pain and discomfort in chest.

(질병의 임상적 진단 및 치료에는 증상이 중요하다. 심장 마비의 주요 증상은 가슴에서의 통증과 불편함이다)

첫 번째 문장에서 "symptom(증상)"은 셀 수 있는 명사이다. 증상이 하나가 아니고 여러 가지일 수 있으므로 단수 보다는 복수로 쓰고, 특정된 증상이 아니기 때문에 the를 붙이지 않는다. "diagnosis(진단)"는 셀 수 없는 명사이고, "treatment(치료)"는 "치료"의 의미로 사용될 때는 셀 수 없는 명사, "치료법"으로 사용될 때는 셀 수 있는 명사이다 "임상적 진단 및 치료"가 뒤에 따라오는 "질병"에 특정된 것이므로 the를 붙인다. "disease(질병)"은 용도에 따라 셀 수 있는 명사, 또는 셀 수 없는 명사이다. 질병이 한 가지만 있는 게 아니고 여러 가지가 있을 수 있으므로 "diseases"로 복수로 하고 특정된 질병이 아니기 때문에 the를 붙이지 않는다.

두 번째 문장에 나오는 명사는 "primary symptoms(주요 증상)", "heart attack(심장 마비)", "pain(통증)", "discomfort(불편함)", "chest(가슴)"이다. "primary symptoms"는 일반적인 증상이 아니고 심장 마비에 관한 증상으로 특정되어 있기 때문에 정관사 the를 붙인다. "heart attack"은 질병으로 사용될 때는 셀 수 없는 명사, 몇 차례의 심장 마비와 같은 표현에 사용될 때는 셀 수 있는 명사이다. 이 문장에서는 심장마비라는 질병을 나타내는 것이므로 a를 붙이지 않고, 특정된 심장마비가 아니므로 the도 붙이지 않는다. "pain" 또한 셀 수 있는 명사, 셀 수 없는 명사로 사용된다. "pain"을 가려움증, 울렁거림 등 다른 증상과 구분하여 통증이라는 의미로 사용될 때는 셀 수 없는 명사이고, 몇 차례 통증이 있었다거나, 찌르는 통증, 짓누르는 통증 등 여러 가지 통증의 하나라는 의미로 사용되었을 때는 셀 수 있는 명사이다. "discomfort"는 셀 수 없는 명사이다. 위 문장의 문맥상으로 보면 "pain"과 "discomfort"는 셀 수 없는 명사로 취급하는 것이 맞는다고 생각한다. 따라서 a는 붙일 수 없고, 어떤 특정한 통증과 불편함을 이야기하는 것이 아니고 있을 수 있는 통증과 불편함을 일반적으로 지칭하기 때문에 the도 붙이지 않는다. "chest"는 셀 수 있는 명사이다. "chest"가 앞에서 언급된 바는 없으나 일반적인 가슴이 아니고, 통증, 불편함이 발생한 가슴을 특정하는 것이므로 the를 붙인다.

결과적으로 수정된 문장은 마음과 같다.
Symptoms are important in the clinical diagnosis and treatment of diseases. The primary symptoms of heart attack are pain and discomfort in the chest.

1.4.5 연습 5

Pedestrian that encounters mobile robot without prior information on robot's motion intention can experience confusion.
(로봇의 움직임 의도에 대한 사전 정보 없이 이동 로봇과 마주치는 보행자는 혼란을 경험할 수 있다)
"mobile robot(이동 로봇)"은 셀 수 있는 명사이고 특정된 것이 아니므로 a를 붙여 "a mobile robot"으로 한다. "pedestrian(보행자)"은 셀 수 있는 명사이고 2명 이상일 수 있고 특정되지 않았으므로 "Pedestrians"로 한다. "information"은 셀 수 없는 명사이고, "prior information(사전 정보)"이 어떤 사전 정보인지 특정되지 않았으므로 the를 붙이지 않는다. "intention"은 "의도"라는 의미로는 셀 수 없는 명사, "의도하는 것"이라는 의미로는 셀 수 있는 명사이다. 이 문장에서는 셀 수 없는 명사 "의도"로 해석된다. "robot's motion intention(로봇의 움직임 의도)"이 일반적인 것이 아니고 앞에서 언급된 로봇의 의도이므로 the를 붙여 "the robot's motion intention"으로 한다. "confusion(혼란)"은 셀 수 없는 명사이며 특정되지 않고 일반적 의미로 사용되었으므로 a나 the를 붙이지 않는다.

결과적으로 수정된 문장은 다음과 같다.

Pedestrians that encounter a mobile robot without prior information on the robot's motion intention can experience confusion.

02

2장 that과 which의 사용법

that과 which의 사용법

과학기술 논문 5편을 추출하여 각 논문에 사용된 that이나 which를 세어본 결과 편당 18~58개에 달했으며, which 보다는 that의 사용빈도가 더 높았다. 이처럼, that과 which는 과학기술 영어 논문에 빈번하게 사용되는 단어로써 각각의 사용법에 대하여 자세히 알아보기로 한다.

2.1 that의 사용법

2.1.1 주어, 목적어, 보어로 사용되는 명사절을 이끈다.

〈예문〉

Figure 1 shows that the particle size is sensitive to the reaction temperature.

(그림 1은 입자크기가 반응 온도에 민감하다는 것을 보여준다)

이 문장에서 "Figure 1"은 주어, "shows"는 타동사, "that the particle size is sensitive to the reaction temperature"는 목적어로 사용되었다. 영어에서 목적어는 타동사 뒤에 위치하며 한국어로 번역 시 끝에 "~을(를)"을 붙인다.

〈예문〉

That atmospheric pressure decreases as altitude increases is evident.

(고도가 증가함에 따라 기압이 감소한다는 것은 분명하다)

이 문장에서 "That atmospheric pressure drops as altitude increases"

는 주어로 사용되었다. 영어에서 주어는 문장의 제일 앞에 위치하며 한국어로 번역 시 끝에 "~은(는) 또는 이(가)"를 붙인다. that으로 시작하는 주어가 너무 길 경우 "It"을 문장 앞에 형식적으로 두고 다음과 같이 문장의 말미로 이동시킨다. "It is evident that atmospheric pressure decreases as altitude increases."

〈예문〉

A challenge in writing scientific papers in English is that it is not easy to know which article to use for nouns.
(영어로 과학논문을 쓰는 데 있어서 한 가지 어려운 점은 명사에 어떤 관사를 사용해야할 지를 알기가 쉽지 않다는 것이다)
이 문장에서 "that it is not easy to know which article to use for nouns"는 주어인 "A challenge in writing scientific papers in English"를 설명하는 보어로 사용되었다.

2.1.2 명사를 수식하는 관계대명사로 사용된다.

〈예문〉

We developed a reactor that can produce micron-sized particles.
(우리는 미크론 크기의 입자를 생산할 수 있는 반응기를 개발하였다)
이 문장에서 "that can produce micron-sized particles"가 "reactor"라는 명사를 수식하고 있다. 이 문장은 "We developed a reactor."와 "The reactor can produce micron-sized particles."라는 2개의 문장을 하나로 결합한 형태로써 2번째 문장의 주어 "The reactor"가 관계대명사 "that"에 의해 대체되었다.

〈예문〉

Patients tend to develop diseases similar in genetic structure to diseases that they already have.

(환자들은 그들이 이미 가지고 있는 질병과 유사한 유전적 구조를 가지고 있는 질병을 얻게 되는 경향이 있다)

이 문장에서 "they already have"는 "diseases"라는 명사를 수식하고 있다.

이 문장은 "Patients tend to develop diseases similar in genetic structure to diseases."와 "They already have the diseases."라는 2개의 문장을 결합한 형태로써 2번째 문장의 목적어 "the diseases"가 관계대명사 "that에 의해 대체되었다.

선행명사가 사람일 경우에는 that 대신에 who를 사용한다.

2.1.3 선행명사와 동격을 이루는 명사절은 이끈다.

동격이란 that으로 시작하는 명사절이 that 앞의 선행명사와 그 내용이 같다는 것을 의미한다.

〈예문〉

The result of this study supports the assumption that the mass transfer across the boundary is negligible.

(연구의 결과는 그 경계를 가로지르는 물질 전달이 무시할 만하다는 가정을 뒷받침하고 있다)

이 문장에서 "that the mass transfer across the boundary is negligible"은 선행명사 "assumption"의 동격으로 사용되었다.

2.1.4 앞에 나온 명사를 가리키는 대명사로써 사용된다.

〈예문〉

The burning rate at the surface predicted by this model is approximately the same as that observed in the experiment.

(본 모델에 의해 예측되는 표면에서의 연소속도는 실험에서 관찰된 것과 대략 같다)

이 문장에서 that은 앞에서 언급된 "the burning rate at the surface"라는 명사를 가리키는 대명사이다. that을 사용하지 않을 경우 that이 있는 위치에 "the burning rate at the surface"를 다시 한번 사용해야 하며, 따라서 문장이 길어지고 어색하게 된다.

2.1.5 기타 "that is", "so that", "such that" 등의 형태로 사용된다.

〈예문〉

We found a positive correlation between symptoms of diseases and shared genes; that is, diseases with more similar symptoms are more likely to have common genes.

(우리는 질병의 증상과 공유하는 유전자 사이에 양의 상관관계가 있음을 발견하였다. 다시 말하면, 질병 사이에 유사한 증상이 많을수록 공유하는 유전자를 가질 경향성이 크다)

이 문장에서 보는 바와 같이, "that is"는 앞에서 나온 문장을 더 이해하기 쉽게 보충 설명하는 데 사용되는 것으로써 "다시 말하면"의 의미를 나타낸다.

〈예문〉

An assumption is introduced so that we can solve the equation easily.

(그 방정식을 쉽게 풀기 위해서 하나의 가정을 도입한다)

이 문장에서 보는 바와 같이 "so that"은 "~하기 위해서" 의미로 사용된다.

〈예문〉

The problem was so difficult that I could not solve it.

(문제가 너무 어려워서 나는 그것을 풀 수가 없었다)

이 문장에서는 "so"와 "that" 사이에 "difficult"라는 형용사가 끼어 있다. 이와 같이 "so"와 "that" 사이에 형용사 또는 부사가 끼어 있으면 "너무 ~해서 ~하다"의 의미를 나타낸다.

〈예문〉

The heating rate was controlled such that the temperature in the center should not exceed 50 degrees C.

(중심에서의 온도가 섭씨 50도를 초과하지 않는 방식으로 가열 속도를 조절하였다)

이 문장에서 보는 바와 같이 "such that"은 "~하는 방식으로(in such a way that)"의 의미로 사용된다.

〈예문〉

The existing model has such a critical problem that we decided to develop a new one.

(기존의 모델은 너무 심각한 문제점을 가지고 있어서 우리는 새로운 모델을 개발하기로 했다)

이 문장에는 such와 that 사이에 "a critical problem"이라는 명사가 끼어 있다. 이와 같이 such와 that 사이에 명사를 끼워서 "너무 ~해서 ~하다."의 의미로 사용한다. 명사를 수식하는 형용사가 "many, much, few, little" 등과 같이 부정관사 "a"를 붙이지 않는 단어일 경우에는 such 대신에 so를 사용한다.

2.2 which의 사용법
2.2.1 선행 명사, 선행 문장의 일부 또는 전체를 가리키는 대명사로 사용된다.
〈예문〉

Palliative care is medical care for people with serious illnesses, which focuses on providing patients with relief from pain.

(완화치료란 중병을 가진 사람들에 대한 의료적 돌봄의 하나인데, 그것은 환자의 통증을 완화시키는데 집중한다)

이 문장에서 "which"는 "palliative care(완화치료)"라는 명사를 가리키는 대명사로 사용되었으며, "which" 앞에 콤마를 찍는다.

〈예문〉

The combustion rate was controlled by the mass transfer of oxygen through the boundary layer, which has never been reported in previous studies.

(그 연소속도는 그 경계층을 통한 산소의 물질 전달에 의해 지배되며, 이것은 이전의 연구에서는 보고된 바 없다)

이 문장에서 "which"는 앞 문장 내용 전체를 가리키는 대명사로 사용되었다.

2.2.2 "전치사+which"의 형태로 선행명사를 수식하는 데 사용된다.

〈예문〉

We have developed a new mobile robot in which an innovative method is used for communication between the robot and pedestrians.

(우리는 로봇과 보행자 사이의 소통에 하나의 혁신적인 방법이 사용되는 새로운 이동 로봇을 개발하였다)

이 문장에서 "in which" 이하가 "robot"을 수식하고 있다. "which" 앞에 전치사를 붙일지, 붙인다면 어떤 전치사를 붙여야 할지는 위 문장을 다음과 같이 2개의 문장으로 나누어 보면 알 수 있다. "We have developed a mobile robot. An innovative method is used in the robot for communication between the robot and pedestrians." 2번째 문장에서 "which"를 가리키는 명사 "robot" 앞에 "in"이라는 전치사가 필요하다. 따라서, 이 두 문장을 "which"를 사용해서 하나의 문장으로 연결할 경우 "which" 앞에 전치사 "in"을 붙여 주어야 한다.

2.2.3 "(명사+of which)" 형태로 소유격 대명사로 사용된다.

〈예문〉

A steam generator, the capacity of which is two tons/h, was newly built in the factory.

(용량이 2톤/시간인 스팀발생기가 그 공장에 새롭게 세워졌다)

이 문장에서 "which"는 "steam generator"를 지칭한다. "the capacity of which"를 "whose capacity"로 표현할 수도 있다.

〈예문〉

We tested all the machines, most of which did not work properly.

(우리는 모든 기계를 점검했는데, 그것들의 대부분은 제대로 작동하지 않았다)

"which"가 소유격 대명사로 사용되었다. 위 예문에서와 달리 "most" 앞에는 "the"를 붙이지 않는다. "many", "part" 등에도 "the"를 붙이지 않는다.

2.2.4 "어떤"이라는 의미의 형용사로 사용된다.

〈예문〉

Scientists have long studied which parts of the brain are involved in which functions.

(과학자들은 뇌의 어떤 부분이 어떤 기능들에 관여하는지 오랫동안 연구했다)

이 문장에서 "which"는 "parts", "functions"를 수식하는 형용사로 사용되었다.

2.2.5 "어떤 것"이라는 의미의 명사로 사용된다.

〈예문〉

The objective of this study is to determine which of those models provides the best fit to the experimental data.

(본 연구의 목적은 그 모델 중에서 어떤 것이 실험데이터와 가장 잘 맞는지를 결정하는 것이다)

이 문장에서 "which"는 "어떤 것"이라는 의미의 명사로써 사용되었다.

03

3장 동사의 사용법

동사의 사용법

과학기술 논문을 영어로 쓰는 데 있어서 동사의 중요성은 아무리 강조해도 지나치지 않는다. 본 장에서는 동사의 시제, 수동태 및 능동태, 조동사의 활용에 대해 다루고자 한다.

3.1 동사의 시제

동사의 시제는 현재, 과거, 미래, 현재완료, 과거완료, 미래완료, 현재진행, 과거진행, 미래진행, 현재완료진행, 과거완료진행, 미래완료진행형 등 12가지가 있으나, 과학기술 논문에서 빈번하게 사용되는 현재, 과거, 미래, 현재완료, 과거완료 등 5가지 시제에 대해 예문을 중심으로 설명하고자 한다.

3.1.1 현재형

현재형은 현재의 상태를 나타낼 때, 시제에 영향을 받지 않는 사실이나 진리를 기술할 때, 그리고 시간과 조건을 나타내는 문장에서 미래의 대용으로 사용된다.

〈예문〉

The thermometer reads 10 degrees C below zero.

(그 온도계는 현재 영하 섭씨 10도임을 보여주고 있다)

이 문장에서 "reads(보여주다)"는 현재의 상태를 나타내고 있다. "read"는 일반적으로 "읽다"의 뜻이나 이 예문에서처럼 "보여주다"의 뜻으로 사용되기도 한다.

〈예문〉

Water boils at a temperature lower than 100 degrees C at sub-atmospheric pressure.

(물은 대기압 이하에서는 섭씨 100도보다 낮은 온도에서 끓는다)

이 문장에서 "boils(끓는다)"는 사실을 기술하는 동사로 사용되었다.

〈예문〉

If it rains tomorrow, the test operation of the plant will be postponed.

(만일 내일 비가 오면 그 공장의 시운전이 연기될 것이다)

내일 비가 오는 미래를 표현하는데 미래시제 "will rain"이 아니고 "rains"라는 현재형 시제가 사용되었다. 그 이유는 "rain"이 조건문에 사용되었기 때문이다. 조건문이 아니고 명사절, 형용사 절에 사용될 경우에는 다음과 같이 미래시제가 사용된다.

We do not know if it will rain tomorrow.

(우리는 내일 비가 올지 안 올지를 모른다)

3.1.2 과거형

과거의 동작 또는 상태를 나타낼 때 사용된다.

〈예문〉

We studied the effect of age on blood pressure and found that blood pressure increases with age regardless of sex.

(우리는 나이가 혈압에 미치는 영향을 연구했고 혈압이 성별에 관계없이 나이에 따라 증가한다는 것을 발견했다)

연구, 발견이라는 동작이 과거에 이루어졌으므로 각각의 과거형 동사 "studied", "found"를 사용했다. 그러나, "that" 다음에 나오는 "increase"에는 현재형이 사용되었는데 그 이유는 나이에 따라 혈압이 증가하는 것은 하나의 사실이기 때문이다.

3.1.3 미래형

미래형은 "~ 할 것이다"라는 뜻으로 "will", "would"와 같은 조동사에 본동사를 연결하여 사용된다. "will"은 "would"에 비해 가능성이 높거나 의지가 강함을 표현하고자 할 경우에 사용된다. 한편, "would"는 "will"의 과거형으로 사용되거나 실제로 일어나지 않을 가능성도 있음을 암시하는 미래형으로 사용된다.

〈예문〉

An individual will suspect having caught the coronavirus when symptoms like fever, cough, and shortness of breath appear.
(어떤 사람이 열, 기침, 호흡곤란 등의 증상이 나타나면 코로나바이러스에 걸렸음을 의심할 것이다)
열, 기침, 호흡곤란이 나타나면 코로나바이러스에 걸렸다고 의심할 가능성이 높다는 것을 표현하기 위해 "will"을 사용하였다.

〈예문〉

The plant manager said that he would start the plant tomorrow regardless of the weather condition.
(공장장은 날씨에 관계없이 내일 그 공장을 돌리겠다고 말했다)
이 문장에서 "would"는 "will"의 과거형으로 사용되었다. "will"이 주절의 동사 "said"의 시제에 맞춰졌다.

〈예문〉

The introduction of a robot in surgery would lead to faster recovery.
(수술에 로봇을 도입하면 더 빠른 회복으로 이어질 것이다)
로봇을 도입하면 수술 후 회복이 빨라질 것으로 기대되기는 하나 그렇지 않을 수도 있음을 나타내기 위해 "would"를 사용하였다. 여기서, "would"는 "will"의 과거형으로 사용된 것이 아니다.

3.1.4 현재완료형

현재완료형은 어떤 동작이 과거부터 현재까지 이어지고 있음을 나타내거나, 현재 시점에 이미 이루어진 상태에 있음을 나타내고자 할 때 사용된다.

〈예문〉

Many investigators have focused on designing robots that can communicate with pedestrians.
(많은 연구자들이 보행자들과 소통할 수 있는 로봇을 설계하는 데 초점을 맞추어 왔다)
과거부터 현재에 이르기까지 로봇 설계가 계속되고 있음을 나타내고 있다. 현재완료 "have focused"를 과거형 "focused"로 바꾸어도 문법상으로는 문제가 없으나 그 뜻은 사뭇 달라진다. 과거형을 사용하면 과거에 그랬다는 것일 뿐 그 행위가 현재까지 이어지고 있다는 의미는 상실된다.

〈예문〉

We have completed the construction of the plant.

(우리는 그 공장의 건설을 완성했다)

현재의 시점에서 어떤 행위가 이루어져 있음을 강조하기 위해 현재 완료형이 사용되었다.

3.1.5 과거완료형

주절의 동사가 과거형이면, 종속절의 행위가 주절의 행위보다 시간적으로 앞설 경우 종속절의 동사를 과거완료형으로 한다.

〈예문〉

The reaction rate of a chemical reaction is known to increase with temperature. However, we could not observe a further increase in reaction rate above 200 degrees C, probably because the reactants had already run out.

(화학반응 속도는 온도에 따라 증가하는 것으로 알려져 있다. 그렇지만, 우리는 섭씨 200도 이상에서는 더 이상의 반응속도 증가를 관찰할 수 없었는데, 그 이유는 아마도 반응물들이 이미 떨어져 버렸기 때문이다)

3.2 수동태와 능동태

동사는 능동태로 표현하는 것을 원칙으로 하되, 행위의 주체가 불분명하거나 중요하지 않을 경우에는 수동태로 표현한다.

〈예문〉

Antidotes for poisoning have been used for thousands of years.

(독극물에 대한 해독제는 수천 년 동안 사용되어 왔다)

해독제를 사용한 사람이 누구인지 불분명하다.

〈예문〉

Over 30,000 patients are diagnosed with stomach cancer every year.

(매년 3만 이상이 위암 진단을 받는다)

위 문장을 능동태로 바꾸면 "Doctors diagnose over 30,000 patients with stomach cancer every year."이다.

수동태 문장에서는 3만 이상의 환자가 주어이고 능동태의 경우에는 의사가 주어이다. 의사보다는 3만 이상의 환자가 독자들에게 더 중요하게 느껴질 것이므로 수동태로 표현하는 것이 낫다.

〈예문〉

The raw materials were washed, dried, and ground before they were fed into the reactor.

(그 원재료는 반응기에 넣기 전에 세척, 건조, 분쇄되었다)

연구 또는 실험 방법을 기술할 때는 행위 주체보다는 어떤 행위가 행하여졌느냐가 중요한 경우가 많다. 따라서, 수동태로 표현하는 경우가 대부분이다. 한편, 연구 결과의 논의 부분에서는 저자의 생각이 많이 들어가므로 "we"를 주어로 하는 능동태가 상대적으로 많이 요구된다.

몇 개의 수동태 문장이 연속해서 나열되면 문장이 좀 지루하고 어색함으로 중간중간에 능동태 문장을 섞어 준다.

3.3 조동사
조동사는 동사와 함께 사용되어 그 동사에 추가적인 의미를 더해준다. 조동사에는 shall, should, can, could, will, would, may, must, might 등 9가지가 있다. 그중에서 "will"과 "would"의 용법은 상기 동사의 시제 항목에서 기술되었다. "shall"을 제외한 나머지 조동사의 사용법에 대해 알아보기로 한다. "shall"은 과학기술 논문에 거의 사용되지 않기 때문에 제외하였다.

3.3.1 can과 could

"can"은 현재 상태에서 "~할 수 있다"의 뜻으로 사용된다. "could"는 "can"의 과거형으로 사용되거나 또는 미래형으로 "~ 할 가능성이 있다"의 뜻으로 사용된다. 또한, "could + have + 과거분사"의 형태로 "~할 수 있었을 텐데" 또는 과거에 일어난 행위를 추측하는 뜻으로 사용된다.

〈예문〉

The microreactor that we developed can complete a run within a minute.

(우리가 개발한 마이크로반응기는 1분 이내에 1회 실험을 끝낼 수 있다)

〈예문〉

We could not complete the cooling tower installation because it rained all day.

(하루 종일 비가 와서 우리는 그 냉각탑 설치를 완료할 수가 없었다)

이 문장에서 "could"는 "can"의 과거형으로 사용되었다.

〈예문〉

The elucidation of the connection between symptoms and genes could contribute to the design of drugs with fewer side effects.

(증상과 유전자의 관련성을 밝히면 부작용이 덜한 약의 설계에 공헌할 가능성이 있다)

이 문장에서 "could"는 미래의 가능성을 나타내는 뜻으로 사용되었다.

〈예문〉

We could have built the bridge on time if the weather had been fine.

(날씨가 좋았으면 우리는 교량 건설을 제때 끝낼 수 있었을 텐데)

날씨가 좋지 않아서 제때 끝낼 수 없었다는 것을 에둘러 표현하고 있다.

〈예문〉

The pressure in the gas tank is abnormally low. A leakage could have occurred.

(그 가스탱크의 압력이 비정상적으로 낮다. 어떤 누출이 발생했을 가능성이 있다)

"could + have + 과거분사"가 과거에 일어난 행위를 추측하는 데 사용된 예제이다.

3.3.2 may와 might

"may"와 "might"는 앞으로 일어날 가능성을 표현할 때 사용된다. 그 가능성은 "may"를 사용할 경우 50% 정도, "might"를 사용하면 30% 정도이다. 이 퍼센트 숫자가 절대적인 것은 아니며 상대적으로 가능성이 높을 때 "might" 보다 "may"를 사용한다. 또한, "(may 또는 might) + have + 과거분사"의 형태로 "~했을 가능성이 있다"의 뜻으로 사용된다.

〈예문〉

Our experimental data may provide valuable information for further investigation of the reaction mechanism.

(우리의 실험 데이터는 그 반응 메커니즘의 추가적인 연구에 귀중한 정보를 제공할 가능성이 있다)

"may"를 "might"로 바꾸면 그 가능성이 좀 더 낮다는 의미이며 보다 조심스러운 표현이다.

〈예문〉

The tumor may have originated from a place different from what we guess.

(그 종양은 우리가 추측하는 장소와는 다른 곳에서 유래했을 가능성이 있다)

3.3.3 must와 should

"must"와 "should" 서로 유사한 뜻을 가진 것 같지만 실제로는 상당히 다르다. "must"는 "~해야 한다" 또는 "~임이 틀림없다"의 뜻으로 사용된다. "should"는 저자의 의견이나 조언을 피력할 때, 다시 말하면, "~하는 것이 좋겠다"의 뜻으로 사용되거나 미래형으로 "~할 것이다"의 뜻으로 사용된다. "should + have + 과거분사"는 "~했었어야 하는데"의 뜻으로 사용된다. "must + have + 과거분사"는 "~임이 틀림없었다"의 뜻으로 사용된다.

〈예문〉

In case of fire, operators must follow the emergency shutdown procedure.

(화재 발생 시 운전자들은 비상 조업 중단 절차를 따라야 한다)

"must"가 "~해야 한다"의 뜻으로 사용되었다.

〈예문〉

The temperature must be too low for the chemical reaction to occur.

(그 반응이 일어나기에는 온도가 너무 낮음이 틀림없다)

"must"가 "~임이 틀림없다"의 뜻으로 사용되었다.

〈예문〉

By a calculation, pressure must have affected the reaction rate somewhat.

(계산에 의하면, 압력이 반응속도에 어느 정도 영향을 주었음이 틀림없었다)

〈예문〉

Those who test positive for coronavirus disease should monitor their symptoms.

(코로나바이러스 테스트 양성을 받은 사람들은 그들의 증상을 추적관찰 하는 것이 좋겠다)

"should"를 사용했기 때문에 강제적 의무 사항은 아니고 그렇게 하는 것이 좋겠다는 글쓴이의 조언이 내포되어 있다.

〈예문〉

The machine is under repair. It should work by the end of this week.

(그 기계는 현재 수리 중이다. 그것은 이번 주말이면 작동을 할 것이다)

"should"가 미래형으로 사용되었다.

〈예문〉

The reaction should have ended earlier.

(그 반응은 더 일찍 끝났어야 하는데)

더 일찍 끝났어야 했는데 실제로는 그렇게 되지 않았다는 의미를 담고 있다.

04

4장 "to + 동사"와
"동사 + ing"의 사용법

"to + 동사"와 "동사 + ing"의 사용법

동사 앞에 "to"를 붙인 "to + 동사"와 "ing"를 붙인 "동사 + ing"는 그 활용법이 대단히 많기 때문에 그 사용법을 앞 장의 동사 사용법과 분리하여 별도로 구성하였다.

4.1 "to + 동사"의 사용법

"to + 동사"는 명사, 형용사, 부사의 형태로 사용된다. 또한, "to + 동사"가 특정 동사 다음에 바로 연결되어 사용되기도 한다.

4.1.1 "to + 동사"가 "~하는 것"의 뜻으로 명사처럼 사용된다.

"to + 동사"가 문장 내에서 주어, 목적어, 보어로써 사용된다.

〈예문〉

It is generally not possible to determine chemical reaction rates theoretically.

(이론적으로 화학반응 속도를 결정하는 것은 일반적으로 가능하지 않다)

"to determine chemical reaction rates theoretically"는 주어로써 사용되었다. 주어는 문장의 제일 앞에 위치하는 것이 보통이나, 예문에서 보는 바와 같이 그 내용이 길 경우에는 문장의 뒤로 이동시키고 문장의 첫머리에 "It"이라는 가주어를 도입한다.

〈예문〉

We set out to investigate the cause of the difference in crystalline state between the two materials.

(우리는 그 두 가지 재료 사이에 있어서 결정 상태에 차이점이 있는 원인의 탐구를 시작했다)

"to investigate(탐구하다)~"는 명사로서 목적어로 사용되었다. 목적어는 "~을(를)"로 끝난다.

〈예문〉

The objective of this research is to construct a human symptoms-disease network.

(본 연구의 목적은 인간의 증상-질병 네트워크를 만드는 것이다)

"to construct(만들다)~"는 "objective(목적)"라는 주어를 설명해 주는 보어로 사용되었다.

〈예문〉

This technique will eventually enable us to extract disease infor-mation automatically from clinical records.

(이 기술은 궁극적으로 우리로 하여금 진료기록으로부터 질병 정보를 자동으로 추출하는 것을 가능하게 할 것이다)

"to extract(추출하다)~"는 "us"라는 목적어를 설명하는 보어로 사용되었다.

〈예문〉

The robot was designed to interact with pedestrians along the way.

(그 로봇은 움직이는 도중에 보행자들과 소통하도록 설계되었다)

이 문장에서 "design(설계하다)"이 수동태로 표현되었는데 이것을 능동태로 고쳐보면 "We designed the robot to interact with pedestrians along

the way."이다. 능동태로 변환된 문장을 살펴보면 "to interact(소통하다)~"
가 목적어인 "robot"을 설명하는 보어로 사용된 것을 알 수 있다.

수동태 문장에서 "to + 동사"를 보어로 사용하는 동사들은 "design" 이외에
도 "allow, assume, find, know, show, estimate, observe" 등이 있다.

〈예문〉

The reaction rate was observed to be proportional to the concentration.

(반응속도는 농도에 비례하는 것으로 관찰되었다)

이 문장에서는 "to be~"가 "reaction rate(반응속도)"를 설명하는 보어로
사용되었다.

4.1.2 "to + 동사"가 형용사로 사용된다.

〈예문〉

Alzheimer's disease is still lacking an effective therapy to reverse
the progressive loss of memory.

(알츠하이머 질병은 계속된 기억 상실을 되돌릴 수 있는 효과적인 치료법이
아직 부족하다)

"to reverse(되돌리다)"는 "therapy(치료법)"를 수식하는 형용사로 사용되
었다.

〈예문〉

This manual describes how to use the machine.

(이 매뉴얼은 그 기계를 어떻게 사용하는지 기술하고 있다)

이 문장에서 "to use(사용하다)"는 의문사 "how"를 수식하는 데 사용되었

다. "how"가 명사는 아니지만, "how to use"를 "사용하는 방법"으로도 번역할 수 있으므로 명사를 수식하는 형용사로 사용되었다고 간주할 수 있다. "how" 이외에도. "what, where, when, which" 등의 의문사에 "to + 동사"를 붙여 사용하는 예가 종종 있다.

4.1.3 "to + 동사"가 부사로 사용된다.

"to + 동사"가 형용사 또는 동사를 수식하는 부사로 사용된다.

〈예문〉

We boiled water to generate steam.

(우리는 스팀을 발생시키기 위하여 물을 끓였다)

이 문장에서 "to generate(발생시키다)"는 "boil(끓이다)"이라는 동사를 수식하는 부사로 사용되었다. 이와 같이 "~ 하기 위하여"를 번역하는데 "to + 동사"를 사용한다.

〈예문〉

The temperature was not high enough to complete the chemical reaction.

(그 화학반응을 완결시키기에는 온도가 충분히 높지 않았다)

이 문장에서 "to complete(완결시키다)"는 "high(높다)"라는 형용사를 수식하는 부사로 사용되었다.

〈예문〉

The evaporator was heated to a temperature sufficiently high for vaporization to occur.

(그 증발기는 증발이 일어나기에 충분히 높은 온도까지 가열되었다)

이 문장에서 "to occur(일어나다)"는 "high(높다)"라는 형용사를 수식하는 부사로 사용되었다. 그런데, 수식을 받는 형용사와 수식하는 부사 사이에 "for vaporization(증발)"이 삽입되어 있는 점이 특이하다. "to occur"의 주어가 문장의 주어인 "evaporator"가 아니고 "vaporization"임을 표시하기 위해 "vaporization"에 "for"를 붙여 "to occur" 앞에 위치시켰다. 이처럼, "to + 동사" 앞에 "for + 명사"를 붙이면 그 명사가 따라오는 동사의 주어가 된다.

4.1.4 "to + 동사"가 특정 동사 뒤에 연결 사용된다.

"appear(~처럼 보이다)", "happen(일어나다)", "prove(증명하다)", "seem (~듯하다)", "tend(~하는 경향이 있다)", "turn out(판가름 나다)"라는 동사 다음에 "to + 동사"를 연결하여 사용한다.

〈예문〉

Patients tend to develop diseases similar in structure to the diseases that they already have.

(환자들은 이미 그들이 가지고 있는 질병과 유전자 구조가 유사한 질병에 걸리는 경향이 있다)

"to develop diseases(질병에 걸리다)"가 "tend"라는 동사에 바로 붙여 사용되었다.

〈예문〉

At the temperature level of 100 to 150 degrees C, the transfer of oxygen to the reaction site appears to control the reaction rate.

(섭씨 100~150도 수준에서는 반응 점으로의 산소 전달이 반응속도를 제어하는 것처럼 보인다)

"to control(제어하다)"이 "appear"라는 동사에 바로 붙여 사용되었다. "appear"는 "seem"과 비슷한 뜻을 가지나 보다 격식을 갖춘 표현이다.

〈예문〉

The assumptions used in the model turned out to be unrealistic.

(그 모델에서 사용된 가정들은 비현실적이라고 판가름이 났다)

"to be unrealistic(비현실적이다)"이 "turn out(판가름 나다)"이라는 동사에 바로 붙여 사용되었다.

4.2 "동사 + ing"의 사용법

동사에 "ing"를 붙이면 명사, 형용사, 부사구, 동사의 진행형 등의 용도로 사용될 수 있다.

4.2.1 "하기"의 뜻으로 명사처럼 주어, 목적어, 보어로 사용된다.

〈예문〉

Anal bleeding is sometimes a sign of colorectal cancer.

(항문 출혈은 종종 대장암의 징조이다)

"bleed(출혈하다)"라는 동사에 "ing"를 붙여 "출혈"이라는 명사가 되어 주어로 사용되었다.

〈예문〉

We are considering replacing the old battery with a new one.

(우리는 그 오래된 배터리를 새것으로 교체하는 것을 고려하고 있다)

"replace(교체하다)"라는 동사에 "ing"를 붙여 "교체하는 것을"이라는 명사가 되어 목적어로 사용되었다. "consider(고려하다)" 이외에도 "admit(수용하다)", "avoid(피하다)", "deny(부인하다)", "discuss(논의하다)", "practice(연습하다)", "recall(회상하다)", "suggest(제안하다)" 라는 동사 뒤에 (동사 + ing)를 붙여 목적어로 사용한다.

〈예문〉

One of the bad habits for your health is smoking.

(당신의 건강에 나쁜 습관 중의 하나는 담배 피우기이다)

이 문장에서 "smoke(담배를 피우다)"에 "ing"를 붙여 주어를 설명하는 보어로 사용되었다.

"동사 + ing"는 앞에서 설명된 "to + 동사"에서처럼 주어, 목적어, 보어로 사용되나 용도에 약간의 차이가 있다. "to + 동사"는 "~ 하는 것" 즉 미래에 일어날 일이나 목적 지향적 의미를 나타낼 때 사용하고, "동사 + ing"는 "~ 하기"의 뜻으로 경험이나 현재의 행동을 나타내고자 할 때 사용된다.

4.2.2 전치사 다음에 (동사 + ing)를 붙여 부사로 사용된다.

〈예문〉

The volume of the gas in the container was determined by measuring the temperature and pressure of the gas.

(그 용기 내 가스의 부피가 가스의 온도와 압력 측정에 의해 결정되었다)

"measure(측정하다)"라는 동사에 "ing"를 붙여 "측정"이라는 명사가 되어 전치사 "by"와 함께 동사 "determined"를 수식하는 부사구로 사용되었다. "by" 이외에도 "at, for, in, of, on, to, before, after, with" 등의 전치사와 "동사 + ing"가 결합하여 형용사구, 부사구로 사용된다.

4.2.3 "동사 + ing"가 형용사로 사용된다.

〈예문〉

We studied the interactions between a mobile robot and a man sitting in a wheelchair.

(우리는 이동로봇과 휠체어에 앉아 있는 사람과의 상호작용을 연구하였다)

"sit(앉다)"라는 동사에 "ing"를 붙여 "앉아 있는"이라는 형용사가 되어 "man"이라는 명사를 수식하는 데 사용되었다.

〈예문〉

We measured the burning rate of coal.

(우리는 석탄의 연소속도를 측정하였다)

"burn(연소하다)"이라는 동사에 "ing"를 붙여 "연소하는"이라는 형용사가 되어 "rate"라는 명사를 수식하는 데 사용되었다. "burning rate"를 직역하면 "연소하는 속도"이나, "연소 속도"로 번역하는 것이 보다 자연스럽다.

위의 두 가지 예문을 비교해 보면, 명사를 수식하는 "동사 + ing"의 위치가 첫 번째 예문에서는 명사의 뒤에, 두 번째 예문에서는 명사의 앞이다. "동사 + ing" 단독으로 형용사로 사용될 경우에는 명사의 앞에, 다른 단어들과 함께 결합되어 형용사로 사용될 경우에는 명사의 뒤에 붙인다.

4.2.4 "동사 + ing"가 부사구로서 사용된다.

"부사구"란 동사 또는 형용사를 수식하는 단어들의 집합체이다. "동사 + ing"를 다른 단어들과 결합하여, 시간, 이유, 조건, 양보, 계속, 부대 상황 등을 표현하는 부사구로 사용한다.

〈예문〉

Factors governing the combustion rate of the coal were identified, and they include the oxygen concentration in the feed gas, the feed-gas flowrate, and the moisture content in the coal.

(석탄의 연소 속도를 지배하는 인자들이 밝혀졌다. 그 인자들은 공급 가스 내 산소 농도, 공급 가스의 유량, 그리고 석탄 내 수분함량을 포함한다)

이 문장에서 "and they include"로부터 "and they"를 제거하고 "include" 라는 동사에 "ing"를 붙여 "including"으로 바꿈으로써 2개의 절이 하나의 절과 부대 상황을 나타내는 부사구로 변환된다.

Factors governing the combustion rate of the coal were identified, including the oxygen concentration in the feed gas, the feed-gas flowrate, and the moisture content in the coal.

(공급 가스 내 산소 농도, 공급 가스의 유량, 그리고 석탄 내 수분함량을 포함하여 석탄의 연소 속도를 지배하는 인자들이 밝혀졌다)

〈예문〉

A fourfold increase in oxygen concentration had little effect on the reaction rate, which indicates that the concentration is not a factor governing the reaction rate.

(산소 농도를 4배 증가시켜도 반응 속도에 별 영향을 미치지 못했는데, 이것 은 그 농도가 반응 속도를 지배하는 인자가 아니라는 것을 가리킨다)

이 문장에서 "which"는 그 앞에 기술된 내용 전체를 의미하는 관계대명사이 다. "which indicates"를 "indicate(가리킨다)"라는 동사에 "ing"를 붙인 "indicating"으로 바꾸어, 다음과 같이 부대 상황을 나타내는 부사구로 나타 내는 표현을 많이 사용하고 있다.

A fourfold increase in oxygen concentration had little effect on the reaction rate, indicating that the concentration is not a factor governing the reaction rate.

〈예문〉

The oxygen concentration was varied from 1 to 10 mol%, keeping the reactor temperature at 500 degrees C.
(반응기 온도를 섭씨 500도로 유지하면서 산소 농도를 1에서 10몰 퍼센트까지 변화시켰다)
"keep(유지하다)"라는 동사에 "ing"를 붙여 "keeping"으로 바꾸어 그 이하의 단어들과 결합되어 부대 상황을 나타내는 부사구로 사용되었다. 부대 상황을 보다 명확히 표현하기 위해 "keeping" 앞에 "while"을 붙여 "while keeping"으로 사용되기도 한다.

〈예문〉

The robot slowed down as intended when approaching the junction.
(그 로봇은 의도된 바와 같이 그 교차로에 접근할 때 속도를 줄였다)
"approach(접근하다)"라는 동사에 "ing"를 붙여 "approaching"으로 하여 "when"과 결합되어 "접근할 때"의 의미로 사용되었다. 이와 같이 "동사+ing"를 "when" 다음에 붙여 "~할 때"라는 의미의 부사구로 사용된다.

〈예문〉

Having understood from the literature review that for the synthesis of particles by gas-phase reaction, the particle size is insensitive to the carrier gas flow rate, we neglected the effect of the carrier gas flow rate on particle growth in developing the particle growth model.

(문헌조사로부터, 기상 반응에 의한 입자 합성에 있어서 입자의 크기가 운반 가스의 유량에 둔감하다는 것을 이해하였기 때문에, 우리는 입자 성장 모델을 개발하는 데 있어서 운반가스 유량이 입자 성장에 미치는 영향을 무시하였다)

이 문장에서는 이유를 나타내는 부사구로 사용되었다. "understand(이해하다)"라는 동사에 "ing"를 붙여 "understanding"으로 하지 않고 "having understood"로 하였는데 그 이유는 이해한 시점이 뒤에 나오는 주절의 동사인 "neglected"보다 앞서기 때문이다.

4.2.5 "동사 + ing"가 진행형으로 사용된다.

"동사 + ing"를 진행형으로 사용하기 위해서는 그 앞에 "be" 동사를 붙여야 한다.

〈예문〉

Pedestrians are watching a mobile robot moving toward them.

(보행자들이 그들을 향해 움직이고 있는 하나의 이동 로봇을 지켜보고 있다.)

05

5장 접속사의 사용법

접속사의 사용법

접속사는 하나의 문장에 있어서, 단어와 단어, 구와 구, 절과 절을 연결하는 역할을 하는 단어이다. 본 장에서는 과학기술 논문에 자주 쓰이는 접속사 25개를 선정하여 각각의 사용법에 대하여 알아보기로 한다. 일부 접속사는 전치사로써 사용되는 경우도 있는데 구분하지 않고 함께 포함시켰다.

5.1 after

"~한 후에"의 뜻으로 사용된다.

〈예문〉

The chemical reaction disappeared right after we cut off the oxygen supply.

(우리가 산소 공급을 중단한 후에 바로 그 화학반응이 사라졌다)

이 문장에서 "after"는 "we cut off"라는 주어 동사 앞에 붙어 "disappear(사라진다)"를 수식하는 부사로 사용되었다.

5.2 although

"비록 ~ 하지만"의 뜻으로 사용된다.

〈예문〉

The model correctly predicts the concentration trend on reaction rate, although it underestimates the absolute reaction rates.

(그 모델은 비록 절대적 반응속도를 과소평가하긴 하지만, 농도의 반응속도에 대한 경향성은 올바르게 예측한다)

다음과 같이 "although"를 문장의 앞에 위치시키는 것도 가능하다.

Although the model underestimates the absolute reaction rates, it correctly predicts the concentration trend on the reaction rate.

"although"와 유사한 뜻을 가진 접속사로 "though", "even though", "even if"가 있다. "though"는 주로 구어체에서 "although" 대신에 사용되며, "even though"는 "although"의 뜻을 보다 강하게 표현하고자 할 때 사용된다. "even if"는 아래의 예문에서 보는 바와 같이, "비록 ~ 할지라도"의 내용이 사실이 아닐 수도 있다는 의미를 내포하고 있다.

〈예문〉

Even if it rains tomorrow, the test operation of the new plant will be launched as scheduled.

(내일 비록 비가 올지라도 그 새로운 공장의 시운전이 예정대로 개시될 것이다)

내일 비가 안 오더라도 공장의 시운전이 개시될 것이라는 의미가 내포되어 있다.

5.3 and

"그리고"의 뜻으로 사용된다.

〈예문〉

Mobile robots have recently been deployed in shopping malls, airports, and warehouses.

(이동 로봇들이 최근 쇼핑몰, 공항, 그리고 창고에 배치되었다)

나열되는 단어의 수가 3개 이상이면 단어와 단어 사이에 콤마를 찍으며 "and" 앞 콤마는 생략할 수도 있다. 나열되는 단어는 명사뿐만 아니라 형용사, 동사도 가능하다.

〈예문〉

The results of this study show that copper is more conductive than iron and that the conductivity of copper decreases with an increase in temperature.

(본 연구의 결과는 구리가 철보다 전도성이 크고 온도 증가에 따라 구리의 전도성이 증가한다는 것을 보여주고 있다)

"show(보여주다)" 다음에 "that"으로 시작하는 2개의 절이 "and"에 의해 연결되어 있다. "and"에 의해 연결되는 절은 서로 독립적이어야 하며, 따라서 앞에 있는 절을 생략하고 "and"를 빼도 뒤에 남는 문장이 문법적으로 하자가 없어야 한다. 이러한 조건을 충족시키기 위해 "and" 다음에 "that"을 붙여야 한다.

〈예문〉

Water was used to provide lubrication and to remove dust generated in the process.

(윤활성을 부여하기 위해 그리고 그 공정에서 발생하는 먼지를 제거하기 위해 물이 사용되었다)

앞의 예문에서 언급된 논리에 따라, "and" 다음에 "to"를 붙여야 한다.

〈예문〉

Copper is more conductive than iron, and the conductivity of copper decreases with an increase in temperature.

(구리는 철보다 전도성이 크고, 그리고 구리의 전도성은 온도 증가에 따라 감소한다)

이 예문에서는 "and"에 의해 2개의 절이 연결되는데 "and" 앞에 콤마가 찍혀져 있다. "and"에 의해 연결되는 절의 개수가 2개라 하더라도 주어가 서로 다르면 콤마를 찍고, 주어가 같으면 콤마를 찍지 않는다.

5.4 as
5.4.1 "~ 하는 동안에"의 뜻으로 사용된다.
〈예문〉

We captured videos of the robot's motion as the robot moved around the obstacles toward the goal.

(우리는 그 로봇이 장애물들을 돌아 목적지로 움직이는 동안에 로봇의 움직임 영상을 찍었다)

5.4.2 "~ 하는 바와 같이 또는 ~하는 것처럼"의 뜻으로 사용된다.
〈예문〉

As shown in Table 1, average blood pressure differs little between men and women, and it increases with age for both sexes.

(표 1에 보여준 바와 같이, 평균 혈압은 남자와 여자 사이에 별 차이가 없으며 두 성별 모두에 있어서 나이에 따라 증가한다)

<예문>

The operation of the machine is simple, as is the maintenance.

(그 기계는 정비가 간단한 것처럼 운전도 간단하다.)

여기서, "as is the maintenance"는 "as the maintenance is simple"로 바꾸어도 문법적으로 문제가 없다. 그렇게 하면, "simple"이 반복되기 때문에 뒤에 나오는 "simple"을 생략하고, 대신 "is"를 주어인 "the main-tenance" 앞으로 옮겨 놓은 표현이 더 낫다.

5.4.3 "~ 함으로"의 뜻으로 사용된다.

<예문>

It is hard to diagnose a disease only by symptoms as diseases possess symptoms common to others.

(질병은 다른 질병에도 공통되는 증상을 가지고 있으므로 질병을 증상만으로 진단하는 것은 어렵다)

"~함으로"의 뜻으로 사용되는 as와 유사한 단어로 because가 있는데 because는 원인을 강조할 때, as는 원인의 결과 부분을 강조하고자 할 때 사용된다.

5.4.4 "~ 로써"의 뜻으로 사용된다.

이 경우 "as"는 접속사가 아니라 전치사로 사용된다.

<예문>

The nanoparticles were tested as oxygen-evolving photo-catalysts.

(그 나노 입자는 산소 발생 광촉매로써 테스트를 받았다.)

5.4.5 "as + 형용사 + as"의 형태로 "~ 만큼"의 뜻으로 사용된다.

〈예문〉

In the microreactor, the reaction volume is as small as one cc and the reaction time is only a few seconds.

(그 마이크로반응기에 있어서 반응 부피는 1 cc만큼이나 작고 반응 시간은 수 초에 불과하다)

〈예문〉

The productivity with the new catalyst was twice as high as that with the old one.

(새로운 촉매의 생산성은 옛 촉매 생산성의 2배만큼 높았다)

5.4.6 "as well as"의 형태로 "~뿐만 아니라 또는 ~또한"의 뜻으로 사용된다.

〈예문〉

Only limited data were obtainable due to the high cost of obtaining such data as well as the difficulty of controlling the operating variables.

(데이터를 얻기 위한 높은 비용뿐만 아니라 운전 변수 조절의 어려움 때문에 아주 제한적인 데이터만 얻을 수 있었다)

5.4.7 "same as"의 형태로 "~ (와)과 같다"의 뜻으로 사용된다.

〈예문〉

The reaction rate predicted by the model is approximately the same as that observed in the experiment.

(그 모델에 의해 예측된 반응속도는 실험에서 관측된 것과 거의 같다)
"same" 앞에 관용적으로 "the"를 붙인다.

5.4.8 "such as"의 형태로 "예를 들면 ~ 와 같은"의 뜻으로 사용된다.
〈예문〉

The disease has multiple symptoms, such as fever, fatigue, and diarrhea.
(그 질병은 예를 들면 열, 피로, 설사와 같은 다중의 증상들을 가지고 있다)

5.4.9 다른 단어와 결합하여 숙어로 사용된다.
〈예문〉

As far as the author's knowledge, no studies have been made on converting carbon dioxide into carbon and oxygen.
(저자가 알고 있는 한, 이산화탄소의 탄소와 산소로의 전환에 관한 연구는 수행된 바가 없다)
"as far as"는 거리, 범위에 있어서 "'하는 한"의 뜻을 가진다. 비슷한 숙어로 "as long as"가 있는데 이것은 기간, 조건에 있어서 "~ 하는 한"의 뜻을 나타낸다. 이 밖에도 "as"가 포함된 숙어는 "as soon as(~ 하자마자)", "as yet(지금까지)" 등이다.

5.5 because
"because + 주어 + 동사" 또는 "because of + 명사"의 형태로 "~ 때문에"의 뜻으로 사용된다.

〈예문〉

Because it rained all day, we canceled the erection of the distillation column.

(하루 종일 비가 왔기 때문에, 우리는 그 증류탑 세우기를 취소했다)

이 문장에서 "because ~"는 "canceled(취소했다)"를 수식하는 부사로 사용되었다.

〈예문〉

The water pipe burst. This burst is probably because the water inside froze and expanded to cause a break.

(그 물 파이프가 터졌다. 이 터짐은 아마도 파이프 안의 물이 얼어서 팽창하여 파열을 야기시켰기 때문이다)

이 문장에서 "because ~"는 주어를 설명하는 보어로 사용되었다.

〈예문〉

Because of the small size, the operating conditions of the reactor can quickly be varied.

(크기가 작기 때문에, 그 반응기의 운전 조건은 신속하게 변화시킬 수 있다)

이 문장에서 "because of"는 동사를 수식하는 부사로 사용되었다. "because of" 와 유사한 의미로 "due to"가 있다. "due to"는 "be 동사" 다음에 위치하여 아래와 같이 형용사로 사용되는 경우가 많다.

〈예문〉

The low density of the powder is due to the hollow particles composing the powder.

(그 분말의 낮은 밀도는 그 분말을 구성하고 있는 속이 빈 입자들 때문이다)

이와 같이, "due to ~"가 형용사로 사용되는 경우 "because of"로 대신할 수 없다.

5.6 before

"~하기 전에"의 뜻으로 사용된다.

〈예문〉

The reactor should be heated to a predetermined temperature before reactants are fed into it.

(반응물질이 반응기에 주입되기 전에 반응기는 미리 정해진 온도까지 가열되어야 한다)

이 문장에서 "before ~"는 "heated(가열되었다)"라는 동사를 수식하는 부사절로 사용되었다.

5.7 but

5.7.1 "~이나"의 뜻으로 사용된다.

〈예문〉

Robots provide benefits to the users but can be a catastrophe to others in society when not designed well.

(로봇은 사용자에게 이득을 제공하나 잘 설계되지 않으면 다른 사회 구성원들에게 재앙이 될 수 있다)

"but" 다음의 주어가 "but" 이전의 주어와 같을 경우 주어를 생략하고 "but" 앞에 콤마를 붙이지 않는다.

〈예문〉

The transient growth rates are different, but the steady-state rates are the same.

(일시적인 성장 속도는 다르나, 정상 상태 속도는 같다)

"but" 다음의 주어가 "but" 이전의 주어와 다르면 "but" 앞에 콤마를 붙인다.

5.7.2 "~뿐만 아니라 ~도"를 뜻하는 "not only~ but also"의 형태로 사용된다.

〈예문〉

The catalyst not only increases the fermentation rate but also reduces the amount of waste produced.

(그 촉매는 발효속도를 증가시킬 뿐만 아니라 생성되는 쓰레기의 양도 감소시킨다)

5.8 hence

"~ 그러니까"의 뜻으로 사용된다. "hence"는 엄밀하게는 접속사는 아니며 접속부사로서 앞뒤 문장의 연결고리 역할을 한다.

〈예문〉

A solid fuel burns better as the surface area per unit mass increases. Hence, it would facilitate the burning of a wood log to split it into smaller pieces beforehand.

(고체연료는 단위 질량 당 표면적이 증가함에 따라 더 잘 탄다. 그러니까, 장작을 미리 작은 조각으로 쪼개면 연소가 쉬워질 것이다)

〈예문〉

The weather forecast says that the temperature will drop to minus 10 degrees C tomorrow; hence, we are worried about the water in the tank getting frozen during the night.

(일기예보가 내일 온도가 영하 10도로 떨어질 것이라고 한다. 그러니까 우리는 그 탱크 내 물이 밤에 얼까 봐 걱정된다.)

가끔 논문에 ", hence,"가 사용된 예를 볼 수 있으나 이는 문법적으로 옳지 않고 "; hence,"로 써야 한다. Hence는 therefore(그러므로)와 유사해 보이나 hence는 현재는 이러니까 앞으로 어떻게 될 것이라는 미래를 나타내는 데 사용되고, therefore는 "앞 문장의 내용을 참조해 볼 때" 라는 의미로 사용된다.

〈예문〉

The acidic components in the air dissolve in the raindrops causing the rain to be acidic, hence the term "acid rain".

(공기 중에 있는 산성 성분들이 빗방울에 녹아 비가 산성이 되게 만드는데, 그러니까 산성비라고 한다)

이와 같이, "hence" 다음에 절(clause)이 아니고 구(phrase)가 나올 경우, "hence" 앞에 콤마를 찍어 ", hence"로 사용 가능하다.

5.9 how
5.9.1 "어떻게"의 뜻으로 사용된다.
"how" 다음에 (주어 + 동사) 또는 (to + 동사)가 나온다.

〈예문〉

For more effective treatments of a disease, it is crucial to understand how its symptoms relate to underlying genes.

(어떤 질병의 보다 효과적인 치료를 위해서는 그 질병의 증상들이 내재하는 유전들과 어떻게 연관되는지를 이해하는 것이 중요하다)

〈예문〉

The manual shows how to use and maintain the machine.

(그 매뉴얼은 그 기계를 어떻게 사용하고 정비하는지를 보여 주고 있다)

5.9.2 "얼마나"의 뜻으로 사용된다.

〈예문〉

We do not know how many reactions are involved in converting the waste plastics into liquid fuels.

(우리는 그 폐플라스틱을 액체 연료로 전환하는 데 있어서 얼마나 많은 반응이 관여되는지 알지 못한다)

5.10 however

"그렇지만"의 뜻으로 사용된다. "however"는 접속사는 아니고 접속부사로서 앞뒤 문장의 연결고리 역할을 한다.

〈예문〉

It is warm today. However, the temperature is forecasted to drop below zero tomorrow.

(오늘은 따뜻하다. 그렇지만, 내일은 온도가 0도 이하로 떨어질 것으로 예보

되고 있다)

"however"는 문장의 처음, 중간, 마지막에 위치시킬 수 있다. "however"가 문장의 처음에 위치할 경우에는 "however" 다음에 콤마를, 문장의 마지막에 위치할 경우에는 "however" 앞에, 그리고 문장의 중간에 위치할 경우에는 그 앞과 뒤에 각각 콤마를 찍는다. "however"를 문장의 중간에 위치시킬 경우는 보통 주어 다음에 위치시키며, 주어 다음에 2개의 동사가 연달아 나올 때는 동사와 동사 사이에 위치시킨다. "however"는 앞 문장의 내용과 상반되는 내용을 뒤 문장에 나타내고자 할 때 사용되는데, 문장의 앞에 위치시키면 상반되는 느낌이 강해지고, 문장의 중간에 두면 문장이 부드러워지는 효과가 있다.

5.11 if
5.11.1 "~ 이면 또는 ~하면"의 뜻으로 사용된다.
〈예문〉

The flu is passed from person to person if someone coughs on another person.

(어떤 사람이 다른 사람에게 기침을 하면 독감은 사람에서 사람으로 전염된다)

기침을 하면 독감이 전염되는 것이 확실하다. 이와 같이 사실을 표현할 경우 "if" 다음에 나오는 동사, "if" 앞에 나오는 동사 모두 현재형으로 쓴다.

〈예문〉

If there is no difference in residence time between two reactors differing in size, both reactors will show similar reaction rates.

(크기가 다른 2개의 반응기 사이에 체류시간 차이가 없으면 2개의 반응기는

비슷한 반응속도를 보여줄 가능성이 있다)

5.11.2 "~ 인지"의 뜻으로 사용된다.

〈예문〉

We will perform an experimental study to check if the assumptions used in our model are reasonable.

(우리의 모델에서 사용된 가정들이 합리적인지를 점검하기 위해 우리는 하나의 실험적 연구를 수행할 것이다)

"if" 대신에 "whether"를 사용할 수 있다.

5.12 or

5.12.1 "~ 또는 ~"의 뜻으로 사용된다.

〈예문〉

Running has a positive or negative effect on health, depending on the runner's physical condition.

(사람의 건강상태에 따라 달리기가 건강에 긍정적 또는 부정적 영향을 미친다)

5.12.2 "either ~ or ~"의 형태로 둘 중의 하나를 선택하는 뜻으로 사용된다.

〈예문〉

We need to change either pressure or temperature to vary the volume of a gas balloon.

(우리는 고무풍선의 부피를 변화시키기 위해서 압력이나 온도 중에서 하나를 변화시킬 필요가 있다)

"either"를 생략하고 "or"만 사용하면 "압력 또는 온도를 변화시킬 필요가 있다"로서 온도, 압력을 함께 변화시키는 것도 포함된다. "either"를 사용하면 온도나 압력 중에서 하나만 변화시키는 의미를 분명하게 할 수 있다. "either" 다음에는 명사뿐만 아니라 동사, 절이 나오기도 한다. "either" 다음에 명사가 나오면 "or" 다음에도 명사, "either" 다음에 동사가 나오면 "or" 다음에도 동사, "either" 다음에 절이 나오면 "or" 다음에도 절이 나오도록 해야 한다.

5.12.3 "~ 아니면"의 뜻으로 사용된다.

〈예문〉

Follow the instructions in the manual, or you will not be able to fix the problem.

(그 매뉴얼에 있는 지시사항을 따르시오, 아니면 너는 그 문제를 해결할 수 없을 것이다)

5.12.4 동격의 의미, "다시 말하면"의 뜻으로 사용된다.

〈예문〉

The thermometer reads ten degrees C or fifty degrees F.

(그 온도계는 섭씨 10도 다시 말하면 화씨 50도를 가리키고 있다)

5.13 since

5.13.1 "~ 함으로"의 뜻으로 사용된다.

〈예문〉

Since it rained all day, we canceled the erection of the distillation column.

(하루 종일 비가 왔음으로, 우리는 그 증류탑 세우기를 취소했다)

증류탑 세우기가 취소된 원인을 강조하고자 할 경우에는 "since"를 "because"로 대체한다.

5.13.2 "~이래로"의 뜻으로 사용된다.

There has been no emergency shutdown since the plant was put into operation.

(그 공장이 조업에 들어간 이래로 비상 조업중단 사태가 없었다)

5.14 so
5.14.1 "그래서"의 뜻으로 사용된다.
〈예문〉

The pump is not working well, so we had a mechanic check it for a reason.

(그 펌프가 제대로 작동하지 않고 있다, 그래서 우리는 정비사에게 원인이 무엇인지 점검해 보라고 했다)

5.14.2 앞에 나온 것을 지칭하는 데 사용된다.
〈예문〉

Wearing a safety helmet reduces the risk of a severe brain injury. Only those who do so are allowed to enter this process area.

(안전모를 착용하면 심각한 뇌 손상의 위험을 줄여준다. 안전모를 착용한 사람만이 이 공정지역에 들어가도록 허락된다)

뒤 문장의 "so"는 앞 문장의 "wearing a safety helmet"을 지칭한다.

5.14.3 "마찬가지로 ~하다"의 뜻으로 사용된다.

〈예문〉

The dryer decreases in efficiency during humid days. So does the cooling tower.

(습한 날에는 건조기의 효율이 감소한다. 마찬가지로 냉각탑의 효율도 떨어진다)

"so" 다음에서 주어와 동사가 도치되는 것에 유의하여야 한다.

5.14.4 "그런 상태로"의 뜻으로 사용된다.

〈예문〉

The compressor was out of order when I came here last month, and it remains so even today.

(그 압축기는 내가 지난날에 여기 왔을 때 고장이 나 있었는데 오늘에도 그런 상태로 남아 있다)

5.14.5 다른 단어와 결합하여 숙어로 사용된다.

〈예문〉

The machine weighs 100 kg or so.

(그 기계는 100킬로그램 정도 무게가 나간다)

"or so"는 "~정도"의 뜻이다. 기타, "so far(지금까지는)", "and so on(~등)", "so that(~해서 ~하다)" 등의 숙어에 사용된다.

5.15 than

5.15.1 "~ 보다"의 뜻으로 사용된다.

〈예문〉

The robot moved faster than we expected.

(그 로봇은 우리가 예상했던 것보다 빠르게 움직였다)

"than"이 2개의 절을 연결하는 접속사로 사용되었다.

〈예문〉

The diffusivity of hydrogen was set at three times larger than that of oxygen.

(수소의 확산 확산계수는 산소의 확산계수보다 3배 크게 설정되었다)

"than"이 명사 앞에 붙어 전치사로 사용되었다. 비교 대상이 확산계수이므로 "than" 다음에 확산계수를 지칭하는 지시대명사 "that"을 둔다.

5.15.2 "rather than (~ 보다는 차라리)"의 형태로 사용된다.

〈예문〉

Some drugs are merely palliative; they only slow down the progress of a disease rather than curing it.

(어떤 약들은 단지 일시적으로 증상을 완화시킬 뿐이다; 그 약들은 병을 치료하기보다는 차라리 병의 진행만을 늦추어 준다)

5.16 then

5.16.1 "그런 다음에"라는 뜻으로 사용된다.

〈예문〉

The slurry was passed through a filer. Then, the powder collected by the filter was washed and dried.

(그 현탁액은 하나의 필터를 통과시켰다. 그런 다음에, 필터에 의해 채집된 분말은 세척되고 건조되었다)

"then"을 문장의 처음에 둘 경우 "then" 다음에 콤마를 찍는다. "then"을 "was"와 "washed" 사이로 콤마 없이 이동 배치할 수 있으며, 문장의 의미는 달라지지 않는다.

5.16.2 "그때에"의 뜻으로 사용된다.

〈예문〉

The pressure in the gas storage tank rose to 50 atmospheres in a couple of minutes. The tank suddenly ruptured then.

(그 가스 저장 탱크의 압력이 수 분 만에 50기압으로 상승했다. 그때에 갑자기 탱크가 터졌다)

5.17 therefore

"그러므로"의 뜻으로 사용된다.

〈예문〉

Water freezes at zero-degree C, and the temperature falls below zero in winter; therefore, we should wrap water pipes with insulation before winter to prevent the water from being frozen.

(물은 섭씨 0도에서 얼고 겨울에는 온도가 0도 이하로 떨어진다. 그러므로, 겨울이 오기 전에 물이 얼지 않도록 우리는 모든 물관을 보온재로 감싸 주어야 한다)

"therefore"는 접속사가 아니고 접속부사이기 때문에 "therefore" 앞에 콤마가 아니고 세미콜론을 찍는다. 세미콜론 대신에 마침표를 찍고, "therefore" 이하를 별개의 문장이 되도록 하는 것도 가능하다. 이 경우 문장의 처음에 놓이는 "Therefore" 다음에 콤마를 찍는다.

5.18 thus
"이와 같이"의 뜻으로 사용된다.

〈예문〉

Pneumonia has symptoms of fever, cough, and shortness of breath. Thus, a disease has multiple symptoms.
(폐렴은 열, 기침, 호흡곤란 증상을 가지고 있다. 이와 같이, 하나의 질병은 다중의 증상을 가지고 있다)
문장 처음에 나오는 "thus"를 "has" 다음으로 옮겨 "A disease has thus multiple symptoms."로 표현하는 것도 가능하다.

5.19 when
"~ 할 때"의 뜻으로 사용된다.

〈예문〉

Water boils when the temperature reaches 100 degrees C.
(물은 그 온도가 섭씨 100도에 도달하면 끓는다)

〈예문〉

Gas increases in volume when heated.
(가스는 가열하면 부피가 증가한다)

"when" 다음에 "it is"가 생략되어 있다. 이와 같이 종속절의 주어가 주절의 주어와 같을 경우 종속절의 (주어+ be 동사)를 생략할 수 있다.

5.20 where
5.20.1 "~ 하는 곳에서"의 뜻으로 사용된다.

〈예문〉

Where an artery becomes narrowed, you will find plaques on the wall.

(동맥이 좁아지는 곳에서 당신은 그 벽에 플래그가 있는 것을 발견할 것이다)

5.20.2 "(장소를 나타내는 명사) + where"의 형태로 "~하는 장소"의 뜻으로 사용된다.

〈예문〉

In this paper, we compare model predictions with results from an experiment where ammonia was synthesized from hydrogen and nitrogen.

(본 논문에서 우리는 수소, 질소로부터 암모니아를 합성하는 실험으로부터 얻어진 결과를 모델 예측과 비교하고자 한다)

이 경우 "where"는 "in which"로 대신할 수 있다.

5.20.3 앞에 나오는 기호 또는 용어를 설명할 때 "여기서"의 뜻으로 사용된다.

〈예문〉

The ideal gas law is represented by PV = nRT, where P is the pressure, V is the volume, n is the number of moles, R is the gas constant, and T is the temperature.

(이상기체 법칙은 PV=nRT로 나타낼 수 있는데, 여기서 P는 압력, V는 부피, n은 몰 수, R은 가스상수, 그리고 T는 온도이다)

5.20.4 "else"와 결합하여 "elsewhere"의 형태로 "다른 곳에"의 뜻으로 사용된다.

〈예문〉

Details of the experimental procedure are described elsewhere.

(실험 절차의 상세한 내용은 다른 곳에 기술되어 있다)

5.21 whereas

"~ 반면에"의 뜻으로 사용된다.

〈예문〉

Water freezes at zero degree C, whereas the freezing point drops below zero when adding salt to the water.

(물은 섭씨 0도에서 언다, 반면에 물에 소금을 첨가하면 그 어는점이 0도 이하로 떨어진다)

5.22 whether

5.22.1 "~인지 아닌지"의 뜻으로 사용된다.

〈예문〉

X-ray radiography is used to check whether bones inside your body are broken.

(엑스레이 방사선은 당신의 몸속에 있는 뼈가 부러졌는지 아닌지를 점검하는

데 사용된다)

이 예문의 경우에는 "whether" 대신에 "if"를 사용할 수도 있다.

5.22.2 "(whether + to + 동사)"의 형태로 "~ 할지 말지"의 뜻으로 사용된다.

〈예문〉

We are unsure whether to replace the bearing in the rotary dryer with a new one.

(우리는 그 회전형 건조기의 베어링을 새것으로 바꾸어야 할지 말지에 대한 확신이 없다.)

이 예문에서는 "whether"를 "if"로 대신할 수 없다.

5.22.3 "whether or not"의 형태로 "~ 하더라도"의 뜻으로 사용된다.

〈예문〉

The operation of the plant will go on whether it rains or not.

(비가 오더라도 그 공장의 운전은 계속될 것이다)

5.23 while

5.23.1 "~하는 동안에"의 뜻으로 사용된다

〈예문〉

While the compressor was running, the safety valve opened probably because the discharge pressure exceeded the set point.

(그 압축기가 돌고 있는 동안에 아마도 배출 압력이 설정치를 초과하였기 때문에 안전밸브가 열렸다)

5.23.2 "~함과 동시에"의 뜻으로 사용된다.

〈예문〉

Our research proposal focuses on reducing operating costs while maintaining productivity.

(우리의 연구 제안은 생산성을 유지함과 동시에 운전비용을 감소시키는 데 초점을 맞추고 있다)

5.23.3 "a while"의 형태로 "잠깐"이라는 뜻으로 사용된다.

〈예문〉

Before running the motor, we waited for a while until the supervisor came.

(그 모터를 돌리기 전에 우리는 감독관이 올 때까지 잠깐 기다렸다)

그 이외에도 "in a while(잠시 후에)", "once in a while(가끔)" 등에 사용된다.

5.24 why

"왜 ~ 인지"의 뜻으로 사용된다.

〈예문〉

The mechanic still does not understand why the elevator became jammed.

(그 정비사는 그 엘리베이터가 왜 고장 났는지 아직도 이해하지 못하고 있다)

5.25 yet

5.25.1 "그럼에도 불구하고"의 뜻을 나타내는 접속사로 사용된다.

〈예문〉

The vaccine is not entirely developed, yet it was approved.

(그 백신은 완전히 개발되어 있지 않다. 그럼에도 불구하고 그것은 승인되었다)

이 문장에서 yet은 but과 유사한 뜻으로 사용되었으며 but보다 조금 더 격식을 갖춘 표현이다.

5.25.2 "아직"의 뜻을 나타내는 부사로 사용된다.

〈예문〉

The disease has not been completely treated yet.

(그 질병은 아직 완전하게 치료되지 않았다)

부정을 나타내는 현재완료형과 함께 사용되었다. 질병의 치료가 과거에 시작되었으나 아직 끝나지 않았음을 나타낸다.

〈예문〉

A lot of work remains to be done yet.

(아직 해야 할 일이 많이 남아 있다)

"yet"이 긍정문과 함께 사용된 예이다.

5.25.3 "~ 할 것"의 뜻을 나타내는 부사로 사용된다.

지금까지는 이루어지지 않았지만 앞으로 이루어질 것이라는 의미로 "yet"이 사용된다.

〈예문〉

The temperature controller we ordered is yet to come.

(우리가 주문한 온도 조절기가 아직 오지 않았지만 올 것이다)

06

6장 전치사의 사용법

전치사의 사용법

전치사는 단일 또는 복합 단어의 형태로 명사 앞에 위치하며 시간, 장소, 방향, 수단 등을 나타내는 데 사용된다. 전치사의 수는 150개 정도나 되는데, 그중에서 이공계 영어 논문 작성에 있어서 중요하다고 생각되는 25개를 선정하여 각각의 사용법을 알아보기로 한다. 그중에서 일부는 전치사 이외에도 부사, 형용사로써 사용되기도 하는데, 구분하지 않고 모두 포함시켰다.

6.1 above, over
6.1.1 위치가 높다는 뜻의 "~ 위"를 나타내기 위해 "above" 또는 "over"를 사용한다.

〈예문〉

There is a valve above the pump.

(그 펌프 위에 밸브가 하나 있다)

"above" 대신에 "over"를 사용해도 무방하다. 그러나, 그 위치가 바로 위가 아니고 비스듬히 위이거나, 높이 차이가 크게 나는 경우에는 "over"를 사용하지 않고 "above"를 사용한다.

6.1.2 앞에서 언급된 이라는 뜻의 "~ 위"를 나타내기 위해 "above"를 사용한다.

〈예문〉

The above equation was solved using the method described above.

(위의 방정식을 위에 기술된 방법을 사용하여 풀었다)

첫 번째 "above"는 "equation(방정식)"이라는 명사를 수식하는 형용사로써 사용되었으며, 두 번째 "above"는 "describe(기술하다)"라는 동사를 수식하는 부사로 사용되었다.

6.1.3 "~ 이상(more than)"이라는 뜻으로 "above" 또는 "over"를 사용한다.

〈예문〉

The machine weighs over 100 kg.

(그 기계는 100kg 이상의 무게가 나간다)

이 예문에서 보는 바와 같이 어떤 수량 이상이라는 뜻을 나타내기 위해서 "over"를 사용한다.

〈예문〉

The vapor decomposes at temperatures above 300 degrees C.

(그 증기는 섭씨 300도 이상에서 분해된다)

온도를 나타내는 숫자 앞에는 "above"를 사용한다.

〈예문〉

The boiler exhibited an efficiency above average.

(그 보일러는 평균 이상의 효율을 보여주었다)

이 예문에서처럼, 질적인 면에서 "~이상"이라는 뜻을 나타내는 데에는 "above"를 사용한다.

6.1.4 "~ 범위에 걸쳐"라는 뜻으로 "over"를 사용한다.

〈예문〉

This figure shows the temperature profile measured over the zone where the temperature is on the increase.

(이 그림은 온도가 증가하고 있는 영역에 걸쳐 측정된 온도 프로필을 보여주고 있다)

6.2 across

6.2.1 "어떤 사물의 한끝에서 따른 끝으로 가로질러"라는 뜻으로 사용된다.

〈예문〉

We blasted air across the flat plate.

(우리는 그 평판을 가로질러 공기를 불었다)

〈예문〉

A new bridge across the river is under construction.

(그 강을 가로지르는 새로운 다리가 건설 중이다)

6.2.2 "~의 건너편"의 뜻으로 사용된다.

〈예문〉

There is a boat across the river.

(강 건너에 보트가 한 척 있다)

6.2.3 "~지역 전체에 걸쳐"라는 뜻으로 사용된다.

〈예문〉

Across Europe, more than one million people have died of the coronavirus.

(유럽 전체에 걸쳐, 백만 명 이상이 코로나로 사망하였다)

6.3 after

"after"는 "~후에", "~다음에"라는 뜻으로 명사 앞에 붙여 전치사로, 또는 절 (clause) 앞에 붙여 접속사로 사용된다.

〈예문〉

Videos were shown to all the participants of the survey. After each video, the participants were requested to respond to the following statements on a 5-point scale.

(설문조사 참여자 모두에게 비디오를 보여주었다. 각 비디오 후에 참여자들은 아래의 설문에 대해 5점 만점으로 응답하도록 요구되었다)

이 문장에서 "after"는 명사 앞에 붙어 전치사로 사용되었다.

〈예문〉

"after"와 비슷한 단어로 "afterward"가 있는데, 이것은 "나중에"의 뜻을 나타내며 단독으로 동사를 수식하는 부사로 사용된다.

〈예문〉

The broken pieces of bone were held together using metal plates; the plates were removed afterward.

(부러진 뼛조각들이 금속판을 사용하여 결합되었다; 그 판은 나중에 제거되었다)

6.4 against

6.4.1 "~에 대비하여"의 뜻으로 사용된다.

〈예문〉

Blood pressure was plotted against age to find a strong correlation between the two.

(혈압을 나이에 대비하여 그려보니 둘 사이에 강한 상관관계가 있음이 발견되었다)

6.4.2 "~에 반대"의 뜻으로 사용된다.

〈예문〉

Against expectations, the robot moved in the opposite direction.

(기대와 반대로, 그 로봇은 반대 방향으로 움직였다)

6.4.3 "~에 기대어"의 뜻으로 사용된다.

〈예문〉

We installed a ladder against the building for people to climb up to the top.

(사람들이 꼭대기까지 올라갈 수 있도록 우리는 그 빌딩에 기대어 하나의 사다리를 설치했다)

6.5 at

6.5.1 시간, 온도, 압력, 부피, 농도 등의 계량 척도를 지정하는 데 사용된다.

〈예문〉

The chemical reaction was carried out in a 1 L beaker with the

reaction time at 1 h, the pressure at 1 atm, and the temperature at
50 degrees C.

(그 화학반응은 반응시간을 1시간, 압력을 1기압, 온도를 섭씨 50도로 하여
1 리터 비커에서 수행되었다)

〈예문〉

An earthquake, which killed more than 9000 people, struck near
Kathmandu, Nepal, at 6 AM on April 25 in 2015.

(9000명 이상의 사람을 죽인 지진이 2015년 4월 25일 오전 6시에 네팔 카
트만두 인근을 강타하였다)

때를 나타낼 때, 몇 시 앞에는 "at"을, 며칠 앞에는 "on"을, 그리고 몇 년 앞
에는 "in"을 붙인다.

6.5.2 위치를 지정하는 데 사용된다.

〈예문〉

We collected samples at the exit of the reactor.

(우리는 반응기의 출구에서 샘플을 취했다)

"reactor(반응기)"에는 입구, 중심부, 출구 등 여러 가지 위치가 있는데 그중
에서 "exit(출구)"를 지정하기 위해 "at"을 사용하였다.

6.5.3 어떤 행동의 목표물을 지정하는 데 사용된다.

〈예문〉

While a man was looking at a monkey, suddenly the monkey threw
a stone at him.

(어떤 사람이 원숭이를 쳐다보고 있는 동안에 그 원숭이가 갑자기 그에게 돌

을 던졌다)

쳐다보는 목표물을 지정하기 위해 "at"을 사용했고, 돌을 던지는 목표물을 지정하기 위해 "at"을 사용했다.

6.6 before

6.6.1 시간상으로 먼저, 즉 "~전에"의 뜻으로 사용된다.

〈예문〉

The valve on the discharge should be opened before the start of the pump.

(펌프를 작동시키기 전에 배출구에 있는 밸브를 열어야 한다)

"before"를 명사인 "the start "앞에 붙여 동사 "open"을 수식하는 부사구로 사용하였다.

〈예문〉

Studies something like this have not been made before.

(이와 비슷한 연구는 전에 수행된 바가 없다.)

"before" 단독으로 "made"라는 동사를 수식하는 부가어로 사용되었다. 부가어란 없어도 문장에 큰 영향은 없으나, 있으면 그 뜻을 강조하거나 명확하게 하는 단어를 일컫는다.

"before"와 유사한 단어로 "beforehand"가 있는데 "beforehand"는 "미리 또는 사전에"의 뜻으로 사용된다.

〈예문〉

Drying the coal beforehand will facilitate its ignition.

(석탄을 사전에 건조하면 그것의 점화를 쉽게 만들 것이다)

6.6.2 위치상으로 먼저, 즉 "~앞에"의 뜻으로 사용된다.

〈예문〉

In a scientific paper, the introduction comes before the results and discussion.

(과학 논문에 있어서는 서론이 결과 및 토론 앞에 나온다)

6.7. below, under

6.7.1 위치상으로 "~ 아래"의 뜻으로 사용된다.

〈예문〉

On the vertical pipeline, a control valve is located under the flowmeter.

(그 수직으로 서 있는 파이프라인에서 그 유량계 아래에 하나의 제어 밸브가 위치해 있다)

위치상으로 무엇보다 아래라는 것을 표현하기 위해 "under" 대신에 "below"를 사용할 수 있다.

〈예문〉

The material placed under the beam of the microscope underwent a structural change.

(현미경의 광선 아래에 놓인 그 재료는 구조적 변화를 겪었다)

위에 위치한 것이 아래에 있는 것과 접촉하거나 영향을 미치는 경우에는 "under"를 사용한다.

6.7.2 "~ 이하"의 뜻으로 사용된다.

〈예문〉

The macro-molecules coagulate to form a liquid drop when the vapor pressure is lowered below a certain level.

(증기압이 어떤 수준 이하로 낮아지면 그 거대 분자들은 응집하여 하나의 액체 방울을 형성한다)

이와 같이, above에 대한 반대 개념으로 질적 수준에 있어서 "~ 이하"의 뜻을 나타내는 데 below를 사용한다.

〈예문〉

Children under the age of ten are recommended to take the preventive shot by the end of this month.

(10살 이하의 어린이들은 이달 말까지 예방주사 맞을 것을 권고한다)

"~ 이하"가 나이와 관련되어 사용될 경우에는 "under"를 사용한다.

6.7.3 "~조건이나 상황 하에서"의 뜻으로 "under"를 사용한다.

〈예문〉

An experiment was carried out under a variety of conditions.

(다양한 조건에서 하나의 실험이 수행되었다.)

The temperature controller in the reactor is still under repair.

(그 반응기에 있는 온도조절기가 아직도 수리 중이다)

6.7.4 "아래의(에)"의 뜻으로 "below"를 사용한다.

〈예문〉

As shown in the table below, people who took the vaccine shot lost about half of their antibodies in three months.

(아래의 표에 보여준 바와 같이, 그 백신을 맞은 사람들은 3개월에 항체의 절반을 상실하였다)

6.8 between

"~사이에"의 뜻으로 사용된다.

〈예문〉

The purpose of this study is to elucidate the connection between shared symptoms of diseases and shared genes.

(이 연구의 목적은 질병의 공유 증상과 공유 유전자 사이의 관계를 밝히는 것이다)

〈예문〉

There exist differences in density between gold, silver, iron, and platinum.

(금, 은, 철, 백금 사이에 밀도 차이가 존재한다)

〈예문〉

The train runs between Seoul and Busan and stops at the stations in between the two cities.

(그 열차는 서울과 부산 사이를 운행하며 두 도시 사이에 있는 역들에 정차한다)

서울과 부산이라는 두 지점 사이라는 뜻으로 "between"이 사용되었고, 두 도시 사이에 위치한 역들을 나타내는 데에는 "between" 대신에 "in between"이 사용되었다. 이와 같이, 두 지점 사이에 있는 어떤 점을 나타낼 때는 "in between"을 사용한다.

"between"의 유사어로 "among"이 있는데, "among"은 다음 예문에서처럼 동일한 "그룹 내에서"의 뜻을 나타낸다.

〈예문〉

Gold is the highest in electrical conduction among metals.

(금속 중에서 금이 가장 전기 전도도가 높다)

6.9 but, except

6.9.1 "~ 을 제외하고"의 뜻으로 "except"나 "but"이 사용된다.

〈예문〉

All the pumps except one worked well.

(하나를 제외하고는 모든 펌프들이 잘 작동했다)

이 예문에서 보는 바와 같이, "except" 다음에 명사가 나오는 경우 "except" 대신에 "but"이나 "except for"를 사용해도 문법적으로 문제가 없다. "except one"을 문장의 앞으로 이동해서 강조하고자 할 때는 "except" 대신에 "except for"를 사용한다.

〈예문〉

We constructed a human symptoms-disease network except for rare diseases.

(우리는 희귀병을 제외하고 인간의 질병과 증상 네트워크를 만들었다)

"except"에 따라오는 명사가 그 앞에 언급된 명사의 그룹에 속하지 않을 경우 "except" 대신에 "except for"를 사용한다. 이 예문에서, "rare diseases(희귀병)"가 앞에 나오는 명사 "we" 또는 "network"에 속하지 않는다.

〈예문〉

The test operation was successful, except that a minor problem occurred in a pump.

(하나의 펌프에서 경미한 문제가 발생한 것을 제외하고는 시운전은 성공적이었다)

이 예문에서처럼, "except" 다음에 절을 붙여 사용하는 것도 가능하다.

6.9.2. "~ 아니었다면"의 뜻으로 "but for"를 사용한다.

〈예문〉

But for the failure of the control system, we could have constructed the plant earlier.

(제어 시스템의 고장이 아니었다면, 우리는 그 공장은 더 일찍 건설할 수 있었을 것이다)

여기서, "But for"는 "It had not been for"의 의미를 나타낸다.

6.10 by

6.10.1 "~ 에 의해"의 뜻으로 사용된다.

〈예문〉

The water was lifted from the ground surface to the top of the building by a pump.

(그 물은 펌프에 의해 지표면으로부터 그 건물의 꼭대기로 올려졌다)

이 예문에서처럼, 수동태 문장에서 행동의 주체가 되는 사람이나 사물 앞에

"by"를 붙인다.

6.10.2 "~ 함으로써"의 뜻으로 "by + 동사 + ing"를 사용한다.

〈예문〉

The vapor in the tank was transported into the reactor by opening the valve.

(그 밸브를 개방함으로써 탱크에 있는 증기가 반응기로 운반되었다)

6.10.3 "~ 방법 또는 수단"을 나타내는 데 사용된다.

〈예문〉

The microstructure of the material was examined by electron microscopy.

(그 재료의 미세구조가 전자현미경 분석법에 의해 조사되었다)

"microscopy"는 현미경이라는 물체가 아니고 현미경을 이용하는 조사방법을 뜻하는 단어이다. 현미경이라는 물체에 해당하는 단어는 "microscope"이다. "microscope"를 넣어서 표현하고자 할 경우에는 "with a microscope"로 한다.

방법이나 수단을 나타내는 데 "by"를 사용하는 다른 예는 "by train(기차로)", "by analysis(분석에 의해)", "by email(전자메일로)", "by cash(현금으로)", "by mistake(실수로)" 등 다양하며, "by" 다음에 나오는 명사에는 관사를 붙이지 않는다.

6.10.4 "~ 만큼"이라는 뜻으로 사용된다.

〈예문〉

The controller was designed such that the temperature does not

change by more than 5% of the setpoint.
(그 조절기는 온도가 설정치의 5% 이상만큼 변하지 않도록 설계되었다)

〈예문〉

The price of gasoline has increased by 10% this year.
(휘발유 가격이 금년에 10%만큼 증가하였다)

6.10.5 시간상으로, "~ 까지"라는 뜻으로 사용된다.

〈예문〉

The construction of the plant is supposed to be completed by the end of this year.
(그 공장의 건설은 올해 말까지 완성되는 것으로 되어 있다)

6.11 during

"~ 동안에"의 뜻으로 사용된다.

"during" 다음에는 명사가 따라오며, 하나의 사건이 기간 전체에 걸쳐 연속으로 또는 기간 중 한때에 일어나는 것을 표현하는 데 사용된다.

〈예문〉

A variety of pollutants are produced during the combustion of coal.
(석탄이 연소되는 동안에 다양한 공해물질들이 생성된다)
어떤 사건이 기간 전체에 걸쳐 연속으로 일어나는 것을 보여주는 예문이다.

<예문>

An emergency shutdown of the plant occurred due to an electrical failure during the test operation.

(시운전 동안에 전기 고장으로 인하여 공장의 비상 조업중단이 발생하였다)

어떤 사건이 기간 중 한때에 일어나는 것을 보여주는 예문이다.

6.12 for

6.12.1 "~ 를 위하여" 또는 "~ 에 대하여" 뜻으로 사용된다.

"for" 다음에는 명사 또는 동명사가 따라온다.

<예문>

Steroids are used for treating rheumatologic diseases.

(스테로이드는 류마티스 질환을 치료하기 위하여 사용된다)

<예문>

We constructed a human symptoms-disease network for all disease pairs by measuring the symptom similarities.

(우리는 모든 질병 짝에 대하여 질병 유사도를 측정함으로써 인간의 증상-질병 네트워크를 만들었다.)

6.12.2 시간상으로 "~ 동안"이라는 뜻으로 사용된다.

<예문>

The sample was dried for 10 hours before it was measured for strength.

(그 샘플은 강도를 측정하기 전에 10시간 동안 건조되었다)

"for" 다음에는 시간을 표시하는 명사가 따라와야 한다. 유사한 의미를 가지는 "during"은 시간을 표시하는 명사 이외의 경우에 사용된다.

6.12.3 "for + 명사 + to +동사"의 형태로 사용된다.

"for" 다음에 나오는 명사가 "to" 다음에 나오는 동사의 주어가 된다.

〈예문〉

The reactor temperature is too low for a reaction to occur.

(반응기 온도가 반응이 일어나기에 너무 낮다)

6.12.4 "for example(예를 들면)"의 형태로 사용된다.

〈예문〉

There are multiple symptoms of a disease. For example, the symptoms of pneumonia are cough, fever, shortness of breath, and fatigue.

(한 가지 질병에는 다수의 증상이 있다. 예를 들면, 폐렴의 증상은 기침, 열, 숨 가쁨, 피로 등이다)

6.12.5 다른 단어와 결합되어 숙어로 사용된다.

〈예문〉

In designing a heat exchanger, it is necessary to account for the heat loss from the surface to the atmosphere.

(열교환기를 설계함에 있어서, 표면으로부터 대기로의 열 손실을 고려하는 것이 필요하다)

"account"라는 단어와 "for"가 결합하여 "account for(고려하다)"라는 숙어가 된다. 이외에도, "allow for(~을 고려하다)", "ask for(~을 청하다)", "call for(~을 요청하다)", "care for(~을 돌보다)", "search for(~을 찾다)", "wait for(~을 기다리다)", "bound for(~로 향하는)", "for the first time(처음으로)", "for the time being(당분간)" 등의 숙어에 사용된다

6.13 from

6.13.1 "~로부터"의 뜻으로 사용된다.

〈예문〉

The residence time in the reactor was varied from 1 to 10 minutes.
(그 반응기 내 체류 시간을 1부터 10분까지 변화시켰다)

〈예문〉

Techniques enabling automatic extraction of medical information from clinical records are under development.
(진료기록으로부터 자동으로 의학 정보를 추출할 수 있는 기술이 개발 중에 있다)

〈예문〉

Proper measures should be taken to prevent the water in the tank from freezing in winter.
(그 탱크 안에 있는 물이 겨울에 어는 것으로부터 방지하기 위해 적절한 조치들이 취해져야 한다)

〈예문〉

Titanium dioxide, which is used as a sun-blocking agent, is made from titanium tetrachloride by flame oxidation.

(햇빛 차단제로 사용되고 있는 이산화티타늄은 시염화티타늄으로부터 불꽃 산화법에 의해 만들어진다.)"

이 예문에서처럼, 만드는 과정에서 화학적 변화가 동반될 경우 "made from"을 사용하고, 물리적 변화만 있을 경우 "made of"를 사용한다 (The chair is made of wood).

6.13.2 "~와 다르다"를 뜻하는 단어와 결합되어 사용된다.

〈예문〉

The results of this study are different from those of previous studies.

(이 연구의 결과는 이전의 연구 결과와 다르다)

"from"이 "different(다르다)"라는 형용사와 함께 결합되어 "~와 다르다"의 뜻으로 사용되었다. "are different from" 대신에 "differ from"이라고 표현할 수도 있다.

6.14 in

6.14.1 장소, 사물, 사건 등에 속해 있음을 나타내는 뜻으로 사용된다.

〈예문〉

As shown in Figure1 and Table 1, the residence time in the reactor is an important factor governing the reaction rate and the purity of the product.

(그림 1과 표 1에 보여준 바와 같이, 반응기 내 체류 시간은 반응속도와 생성물의 순도를 관리하는 중요한 요소이다)

6.14.2 "~에 있어서"의 뜻으로 사용된다.

〈예문〉

The two tubes are different in size: one is 10 cm in diameter and 1 m in length, and the other is 20 cm in diameter and 10 m long.

(그 튜브는 크기에 있어서 다르다: 하나는 직경 10cm 길이 1m, 그리고 다른 하나는 직경 20cm 길이 10m이다)

6.14.3 "in + 동사 + ing"의 형태로 "~하는 데 있어서"의 뜻으로 사용된다.

〈예문〉

Moisture content in coal is a key variable in determining the burning rate.

(석탄 내 수분함량은 연소 속도를 결정하는 데 있어서 하나의 중요한 변수이다)

6.14.4 방향을 나타내는 "~(으)로"의 뜻으로 사용된다.

〈예문〉

Unexpectedly, the robot moved in the opposite direction, which resulted in an accident.

(예기치 않게 그 로봇이 반대 방향으로 움직였고, 결과적으로 사고를 초래했다)

앞의 "in"은 방향을 나타내는 데 사용되었고, 뒤의 "in"은 "result"라는 동사와 함께 "결과로 ~되다"의 뜻으로 사용되었다.

6.14.5 시간상으로, "~ 내에"의 뜻으로 사용된다.

〈예문〉

The heater was designed such that the water is heated to 50 degrees C in a minute.

(그 가열기는 물이 1분 이내에 섭씨 50도로 가열되도록 설계되었다)

6.14.6 수단이나 방법을 나타내는 데 사용된다.

〈예문〉

The abstract was written in English and organized in a way that readers grasp the content of the paper quickly in about 200 words.

(그 초록은 영어로 작성되었고 독자들이 대략 200자 이내로 논문의 내용을 신속하게 파악하도록 구성되었다)

6.14.7 다른 단어와 결합되어 숙어로 사용된다.

〈예문〉

In contrast to previous studies, this study shows that the gas flow rate had little effect on the reaction rate.

(이전의 연구와는 대조적으로 논 연구는 가스 유량이 반응속도에 별 영향이 없음을 보여주고 있다)

"in contrast to(~와 대조적으로)" 외에도 "in"이 포함되어 있는 숙어의 예를 들어보면, "in addition(또한)", "in agreement with(와 일치한)", "in the context of(~한 국면에서)", "in front of(~의 앞에)", "in general(일반적으로)", "in line with(~와 일치하는)", "in order to(~ 하기 위하여)", "in particular(특별히)", "in place of(~ 대신에)", "in series(~에 연속하여)", "in spite of(~에도 불구하고)", "in the long run(결국에는)", "in total(전

체로)", "in turn(다음에는)" 등이다.

6.15 of

6.15.1 소유격 "~의"로 사용된다.
〈예문〉

The ratio of the maximum rate to the minimum rate predicted by the model is approximately the same as that observed in the experiment.

(모델에 의해 예측된 최소 속도 대 최대 속도의 비율이 실험에서 관찰된 것과 거의 같다)

6.15.2 수량을 나타내는 단어와 결합되어 사용된다.
〈예문〉

A number of studies have been made aiming to elucidate the relationship between symptoms and genes of diseases.

(질병의 증상과 유전자 사이의 관계를 밝히는 것을 목적으로 하는 다수의 연구들이 수행되어 왔다.)

수량을 나타내는 단어와 결합된 "of"의 다른 예는 "a series of(일련의)", "a variety of(다양한)", "a great deal of(다량의)", "a lot of(많은)" 등이다.

6.15.3 "be 동사 + of + 명사"의 형태로 사용된다.
〈예문〉

This method of particle synthesis is of interest because of its simplicity and ability to generate dry particles directly.

(본 입자 합성법은 그것이 갖는 간편성과 건조 입자를 직접 생성시킬 수 있는

능력 때문에 흥미롭다)

"of interest"는 "interesting"과 유사하나 미묘한 차이가 있다. "interesting"은 내가 흥미롭다고 느끼는 것이고 "of interest"는 사람들에게 흥미로울 것이다 라는 뜻의 좀 더 객관적 표현이다. 그 밖에, "be 동사 + of + 명사"의 형태로 사용되는 명사에는 "advantage(유리함)", "attraction(끌림)", "benefit(이로움)", "concern(관심)", "desire(바람)", "importance(중요함)" 등이 있다.

6.15.4 동사 또는 형용사 다음에 관용적으로 붙여 사용된다.

〈예문〉

The experimental apparatus consists of a tank, a pump, and a controller.

(그 실험장치는 하나의 탱크, 하나의 펌프, 하나의 제어기로 구성되어 있다)

"consist(구성되다)"라는 동사에 "of"가 관용적으로 붙어 "~로 구성되어 있다"의 뜻을 나타낸다. "consist of"는 "be 동사 + composed of"로 대체되어 사용되기도 한다. 동사 또는 형용사에 "of"를 관용적으로 붙여 사용하는 다른 예를 찾아보면, "approve of(~을 승인하다)", "aware of(~을 인식하고 있는)", "beware of(~을 조심하다)", "deprive A of B(A로부터 B를 빼앗다)", "strip A of B(A로부터 B를 제거하다)", "remind A of B(A에게 B를 상기시키다)" 등이 있다.

6.16 on

6.16.1 표면에 놓여 있음을 나타내는 "~ 위에"의 뜻으로 사용된다.

〈예문〉

The robot projected a green arrow on the ground to show the

robot's path.

(그 로봇은 경로를 보여주기 위해 땅 위에 녹색 화살표 하나를 비추었다)

〈예문〉

A tube was clamped on the steel plate.

(튜브 하나를 그 강철 판 위에 고정시켰다)

6.16.2 "~에 대한"의 뜻으로 사용된다.

〈예문〉

We studied the effect of each of these variables on the reaction rate.

(우리들은 이 변수들 각각의 반응속도에 대한 영향을 연구하였다)

〈예문〉

The reactor was tested on the synthesis of ammonia from hydrogen and nitrogen.

(그 반응기는 수소와 질소로부터 암모니아를 합성하는 데 대하여 테스트 되었다)

6.16.3 "~ 에"의 뜻으로 사용된다.

〈예문〉

Our research focuses on the design of mobile robots for human-robot interaction in public spaces.

(우리의 연구는 공공장소에서 인간과 로봇의 상호 작용을 위한 이동 로봇 설계에 초점을 맞추고 있다)

〈예문〉

Based on our findings, we recommend the use of non-steroidal drugs in the treatment of the disease.

(우리가 발견한 것들에 근거하여, 우리는 그 질병의 치료에 비스테로이드 계열의 약물 사용을 추천한다)

이 밖에도 "~ 에"의 사용 예를 보면 "concentrate on(~에 전념하다)", "depend on(~에 달려있다)", "rely on(~에 의존하다)" 등이 있다.

6.16.4 "~ 하고 있는 중"의 뜻으로 사용된다.

〈예문〉

Figure 1 shows the concentration profile measured over the zone where the concentration is on the increase.

(그림 1은 농도가 증가하고 있는 중에 있는 구역에 걸쳐 측정된 농도 프로필을 보여주고 있다)

6.16.5 시간상으로 "정시에"의 뜻으로 사용된다.

〈예문〉

The compressor automatically switched off on time.

(그 압축기는 정시에 자동으로 작동이 중단되었다)

"on time"의 유사어로 "in time"이 있는데 이것은 "~에 늦지 않게"의 뜻을 가진다.

6.16.6 다른 단어와 결합되어 숙어로 사용된다.

〈예문〉

Coal is a cheap energy source; on the other hand, converting coal into energy produces lots of pollution.

(석탄은 값싼 에너지원의 하나이다; 다른 한편으로, 석탄의 에너지로의 전환은 많은 공해를 발생시킨다)

"on"이 "the other hand"와 결합되어 "on the other hand(다른 한편으로)"라는 숙어로 사용되었다. 그 밖에 숙어로 사용되는 예는 "on one's own(누구 스스로)", "on the contrary(~와 반대로)", "on the way(~ 도중에)", "on the whole(전체적으로)", "on top of(~의 꼭대기에 또는 ~에 더하여)" 등이다.

6.17 past
시간, 장소에 있어서 "~를 지나치다"의 뜻으로 사용된다.

〈예문〉

The completion of the machine repair was past midnight.

(그 기계의 수리가 완성된 것은 한밤중이 지나서였다)

〈예문〉

The oil is transported from the pump to a storage tank past the control room.

(그 오일은 펌프로부터 통제실을 지나서 하나의 저장 탱크로 이송된다)

6.18 since
"~ 이래로"의 뜻으로 사용된다.

〈예문〉

The steam generator has been repaired several times since its installation in the factory.
(그 스팀 발생장치는 공장에 설치된 이래로 여러 번 수리되었다)

6.19 through
6.19.1 "~을 통과하여"의 뜻으로 사용된다.
〈예문〉

A nitrogen flow of 1000 cc/min was passed through the reactor for one hour to drive moisture away from the sample in the reactor.
(반응기 내에 있는 샘플로부터 수분을 날려 보내기 위해 분 당 1000cc의 질소를 1시간 동안 반응기를 통과하여 흐르도록 하였다)

6.19.2 수단을 나타내는 "~을 통하여"의 뜻으로 사용된다.
〈예문〉

The activity of the catalyst increased remarkably through a design modification that coats the surface with a metal film.
(표면을 금속 필름으로 코팅하는 설계 변경을 통하여 그 촉매의 활성이 괄목할 정도로 증가하였다.)

6.19.3 "~을 뚫고"의 뜻으로 사용된다.
〈예문〉

The engineers pushed through difficulties and finally constructed an artificial waterway in the desert.
(그 기술자들은 어려움을 뚫고 밀고 나가 마침내 사막에 인공 수로를 건설하였다)

6.19.4 "~ 동안 계속적으로"의 뜻으로 사용된다.

〈예문〉

The plant was shut down for maintenance through May and into the first half of June.

(그 공장은 정비를 위해 5월과 6월 전반기 동안 계속 조업중단 되었다)

6.20 to, toward

6.20.1 "~ 로(까지)"의 뜻으로 "to", "~ 방향으로"의 뜻으로 "toward"가 사용된다.

"to"는 어떤 목표물까지 도달하는 의미를 가지며, "toward"는 어떤 목표물이 있는 방향으로 다시 말하면 목표물에 꼭 도달하지 않아도 되는 의미를 가진다.

〈예문〉

The robot moved to the junction, crossed the road, and moved further toward the post office.

(그 로봇은 교차로까지 움직였고, 길을 건너서, 계속 우체국 방향으로 움직였다)

로봇이 1차 목표물인 교차로에 도달한 의미를 나타내기 위해 "to"를 사용했고, 2차 목표물인 우체국에는 도달하는 것이 목적이 아니라 단지 그 방향 쪽으로 움직였다는 것을 나타내기 위해 "toward"를 사용했다.

〈예문〉

By spraying with water, the temperature inside the tank dropped to 20 degrees C in a few minutes.

(물을 살포함으로써 그 탱크 내 온도가 수 분 내에 섭씨 20도로 떨어졌다)

"~로(까지)"의 뜻으로 "to"가 사용되는 예는 이 밖에도, "attribute A to B(A의 원인을 B로 돌리다)", "convert to(~로 전환하다)", "contract to(~로 수축하다)", "decrease to(~로 줄어들다)", "expand to(~까지 확대하다)", "extrapolate to(~까지 외삽하다)", "extend to(~까지 연장하다)", "from A to B(A로부터 B까지)", "increase to(~로 증가하다)", "jump to(~로 도약하다)", "lead to(~로 이어지다)", "limit to(~로 한정하다)", "reduce to(~로 감소하다)" 등이 있다.

6.20.2 "~ 에(게)"의 뜻으로 "to"가 사용된다.

〈예문〉

The two flashing lights on the robot communicate the robot's motion direction to pedestrians.

(그 로봇에 있는 2개의 점멸등이 보행자들에게 움직임의 방향을 전달한다)

〈예문〉

We applied the new design concept to producing advanced powdered materials for use as catalysts.

(우리는 그 새로운 설계 개념을 촉매 사용될 첨단 분말재료 생산에 적용했다)

"~에(게)"의 뜻으로 "to"가 사용되는 예는 이 밖에도, "adapt to(~에 적응하다)", "add to(~에 더하다)", "adhere to(~에 달라붙다)", "adjust to(~에 적응하다)", "attach to(~에 붙이다)", "belong to(~에 속하다)", "compare to(~에 비유하다)", "connect to(~에 연결하다)", "correspond to(~에 상응하다)", "expose to(~에 노출하다)", "match to(~에 맞추다)", "parallel to(~에 평행하게)", "perpendicular to(~에 수직으로)", "pertain to(~에

부속하다)", "proportional to(~에 비례하는)", "relate to(~에 관련 짓다)" 등이 있다.

6.20.3 수량의 범위 "~ 에서 ~ 정도"의 뜻으로 "to"가 사용된다
〈예문〉

Two to four minutes are usually required to ignite the coal block.
(그 석탄 덩어리를 점화시키는 데에는 보통 2에서 4분 정도가 소요된다.)

6.20.4 "~에 대한"의 뜻으로 "to"가 사용된다.
〈예문〉

No solution is available yet to the leak of water from the tank.
(그 탱크로부터 물의 누수에 대한 해결책은 아직 없다)

"~에 대한"의 뜻으로 "to"가 사용되는 예는 이 밖에도 "answer to(~에 대한 답)", "reply to(~에 대한 응답)", "resistance to(~에 대한 저항)", "response to(~에 대한 반응)", "the ratio of A to B(B에 대한 A의 비율)" 등이 있다.

6.21 with
6.21.1 "~ 을 사용하여"의 뜻으로 사용된다.
〈예문〉

We wrapped the pipeline with a heating coil to protect the water inside from freezing in winter.
(우리는 안에 들어 있는 물이 겨울에 어는 것을 방지하기 위하여 그 파이프라인을 가열 코일을 사용하여 감아주었다)

6.21.2 "~ 을 가지고 있는"의 뜻으로 사용된다.

〈예문〉

Diseases with fever and chills are very common, including flu, pneumonia, and urinary tract infection.

(열과 오한을 가지고 있는 질병은 감기, 폐렴, 요로감염을 포함하여 아주 흔하다)

6.21.3 "~ 와"의 뜻으로 사용된다.

〈예문〉

We compared the model predictions with results from an experiment where oils were combusted under varying conditions.

(우리는 다양한 조건에서 하에서 기름이 연소된 실험결과와 모델 예측치를 비교했다)

"compare(비교하다)" 이외에도 "agree(동의하다)", "associate(관련시키다)", "coherent(논리적이고 일관성이 있는)", "coincide(일치하다)", "communicate(의사소통 하다)", "consistent(일관성이 있는)", "correlate(상호 관련되다)", "interact(상호 작용하다)", "overlap(중첩하다)" 등이 "with"와 결합하여 "~ 와 ~하다"의 뜻으로 사용된다.

6.21.4 "~ 함에 따라"의 뜻으로 사용된다.

〈예문〉

In the synthesis of silica particles, the particle size decreased with increasing reaction temperature.

(실리카 입자의 생성에 있어서, 입자크기는 반응온도가 증가함에 따라 감소하였다)

6.21.5 부대 상황을 나타내는 "~ 하며"의 뜻으로 사용된다.

〈예문〉

The residence time in the reactor was varied from 5 to 60 s with the reactor temperature at 500 degrees C and the reactant concentrations varying from 1 to 7 mol%.

(반응온도를 섭씨 500로 하고 반응물 농도를 1에서 7 mol %까지 변화시키며 반응기 내 체류시간을 5에서 60초까지 변화시켰다)

일반적으로 부대 상황을 나타내는 데 "while +동사+ing" 또는 "while"을 생략하고 "동사+ing"를 사용한다. 그러나, 이 예문에서 보는 바와 같이 간단히 전치사 "with"를 사용하여 부대 상황을 표현할 수도 있다.

07

7장 문장 부호의 사용법

문장 부호의 사용법

문장 부호는 도로 위의 안내판처럼, 독자들이 문장을 구별하여 읽고 이해하기 쉽도록 도와준다. 문장에 사용되는 부호에는 콤마(,), 세미콜론(;), 콜론(:), 괄호( ), 붙임표(-), 줄표 (—), 빗금(/) 등이 있다. 각각의 부호에 대한 사용법은 다음과 같다.

7.1 콤마(,)의 사용법

7.1.1 여러 개의 항목(단어 또는 문장)을 나열할 때 항목과 항목 사이에 콤마를 붙인다.

〈예문〉

The experimental apparatus consists of a heater, a pressure gauge, and a controller.

(그 실험 장치는 하나의 가열기, 하나의 압력계, 그리고 하나의 제어기로 구성되어 있다)

이 문장에서는, "heater", "pressure gauge", "controller"의 3단어가 나열되어 있다. 각 단어는 콤마에 의해 구분하고, 마지막 단어 앞에는 "and"를 붙인다. 나열되는 단어가 2개일 경우에는 "and" 앞에 콤마를 붙이지 않는다.

〈예문〉

The temperature was measured with a thermocouple, and the pressure was measured with a pressure gauge.

(온도는 열전대로 측정했고, 압력은 압력계로 측정했다)

여기서는 항목이 단어가 아니고 문장이다. 2 개의 독립적인 문장이 "and"를 매개체로 하여 결합되어 있다. 2 개의 문장이 서로 독립적일 경우 "and" 앞에 콤마를 붙이며 그렇지 않을 경우 붙이지 않는다. 이러한 법칙은 "and" 이 외의 접속사 (but, for, or, nor, so, yet)에 대해서도 적용된다.

〈예문〉

The temperature was measured with a thermocouple and recorded automatically on a computer.
(온도는 열전대에 측정되어 자동으로 컴퓨터에 기록되었다)
이 예문의 경우, "and" 뒤에 있는 문장의 주어와 앞 문장의 주어가 같다. 따라서, 독립적이지 않으므로 "and" 앞에 콤마를 붙이지 않는다.

7.1.2 문장의 중간에 주어가 위치할 경우 주어 앞에 콤마를 붙인다.
〈예문〉

At the exit of the reactor, the particles were collected by a filter and examined by electron microscopy.
(반응기 출구에서 입자들이 필터에 의해 채집되었고 전자 현미경에 의해 관찰되었다)
이 문장의 주어 "the particles"가 문장의 처음이 아니고 중간에 있다. 주어가 어디 있는지를 알아보기 쉽도록 주어 앞에 콤마를 붙인다.

7.1.3 문장에 보조 문구를 삽입할 때 콤마를 사용한다.
〈예문〉

The microreactor, which is a new concept for producing small particles, is of interest because of its simplicity and short run time.
(그 마이크로반응기는, 미세 입자를 생산하는 데 있어서 새로운 개념의 하나이며, 간편성과 짧은 운전시간 때문에 흥미롭다)

이 문장에서 "which is a new concept in producing particles"는 "microreactor"를 조금 더 자세히 설명하는 문구로써 삭제해도 문장의 구성에 큰 문제가 없는 보조 문구이다. 이러한 보조 문구의 앞뒤에 콤마를 붙인다.

〈예문〉

The disease with the fewest connections in symptoms with other diseases is Odontoma, a tumor originating from teeth.

(증상에 있어서 다른 질병과 가장 관련성이 적은 질병은 치아로부터 발생하는 종양의 하나인 치아종이다)

이 문장에서 "a tumor originating from teeth"는 "Odontoma"를 설명하는 보조 문구이다. 보조 문구가 문장의 마지막에 위치할 때는 그 보조 문구 앞에 콤마를 붙인다.

7.1.4 분사구문이 문장의 뒤에 위치할 경우 그 앞에 콤마를 붙인다.

〈예문〉

The concentration was varied from 1 to 10 mol%, keeping the reactor temperature constant at 500 degrees C.

(반응기 온도를 섭씨 500도로 일정하게 유지한 채 농도를 1에서 10몰 퍼센트까지 변화시켰다)

"keeping 이하"는 부대 상황을 나타내는 분사구문으로써 구문 앞에 콤마를 붙인다.

7.1.5 독립적인 형용사 사이에 콤마를 붙인다.

〈예문〉

We developed a small, facile device.

(우리는 작고 편리한 장치를 하나 개발했다)

이 문장에서 "small"과 "facile"은 서로 독립적인 형용사이므로 두 형용사 사이에 콤마를 붙인다. 독립적인 형용사인지를 알아보는 하나의 방법으로는 두 형용사의 위치를 바꾸어 보는 것이다. 바꾸었을 때 문장의 의미에 큰 문제가 없으면 서로 독립적이다.

7.1.6 문장 중에 따옴표 (" ")가 있으면 콤마를 붙인다.

〈예문〉

In an article, "Human symptoms-disease network," a comprehensive map of disease-symptom relations was published.

("인간의 증상-질병 네트워크"라는 논문에서 질병과 증상의 관련성에 대한 종합적인 지도가 발간되었다)

이 문장에서 보는 것처럼, 따옴표 앞, 뒤에 콤마를 붙인다. 뒤의 콤마는 따옴표 안의 마지막 단어 끝에 찍는다.

〈예문〉

Park, H; K. Park; H. Kim, "Kinetics of Gas-Phase Hydrolysis of Aluminum Chloride for Alumina Particles," Ind. Eng. Chem. Res., vol. 53, pp 14596-14962, 2014.

참고문헌 목록 내 논문의 제목 표기에 따옴표가 사용될 경우, 따옴표 앞, 뒤에 콤마를 붙인다. 뒤의 콤마는 따옴표 안의 마지막 단어 끝에 찍는다.

7.2 세미콜론(;)의 사용법

7.2.1 2개의 문장이 서로 연관성이 있을 경우, 세미콜론을 사용하여 하나의 문장으로 연결한다.

〈예문〉

In designing the reactor, we used experimental data collected from a small-scale test; no commercial data were available to us.

(그 반응기를 설계하는 데 있어서 하나의 소규모 테스트로부터 얻어진 실험 데이터를 사용했다; 상업적 데이터는 우리에게 없었다)

이 문장을 살펴보면 세미콜론 앞뒤의 문장이 서로 연관성을 가지고 있음을 알 수 있다. 반응기 설계에 실험데이터를 사용한 이유가 상업적 데이터가 없었기 때문이다.

〈예문〉

In previous studies, the concentration ranged between 1 to 10 mol%; in the present study, we used lower concentrations ranging from 0.1 to 1 mol%.

(이전의 연구에서는 농도가 1에서 10몰 퍼센트 사이의 범위에 있었다; 본 연구에서는 0.1에서 1몰 퍼센트 범위의, 보다 낮은 농도가 사용되었다.)

이 문장에서 세미콜론은 "그렇지만"이라는 의미를 담고 있다.

7.2.2 나열되는 항목이 길거나, 콤마를 포함하고 있을 경우 세미콜론을 사용한다.

〈예문〉

We compared the weather conditions for three cities: Seoul, Korea; Tokyo, Japan; and Beijing, China.

(우리는 3개 도시에 대하여 기후조건을 비교하였다: 한국의 서울; 일본의 동경; 중국의 북경)

이 문장에서 나열되는 3개 도시의 명칭에 콤마가 포함되어 있으므로 각 도시 사이에 세미콜론을 찍는다.

〈예문〉

The participants were asked to respond to three statements on a 5-point scale: (1) I could understand the robot's next movement; (2) the robot's overall behavior was reasonable; (3) the robot reached the destination on time.

(참여자들에게 3가지 문항에 대하여 5점 만점으로 응답하도록 요구되었다: (1) 나는 로봇의 다음 움직임을 이해할 수 있었다; (2) 로봇의 전체적인 움직임은 합리적이었다; (3) 로봇은 목적지에 제시간에 도착했다)

이 문장에서처럼 나열되는 항목의 내용이 길 경우, 항목 사이에 콤마 대신에 세미콜론을 사용한다.

7.3 콜론(:)의 사용법

7.3.1 2개의 문장에서 뒤의 문장이 앞의 문장을 보다 자세하게 설명하거나 간추릴 경우, 콜론을 사용하여 하나의 문장으로 연결한다.

〈예문〉

A key concept in the study of matter is that the total energy is conserved: energy may be converted from one form to another, but not destroyed.

(물질을 연구하는 데 있어서 중요한 개념의 하나는 전체 에너지는 보존된다는 것이다: 에너지가 한 형태에서 다른 형태로 전환될지는 몰라도 그것이 파

괴되지는 않는다)

앞 문장의 내용을 뒤 문장에서 보다 자세하게 설명하고 있으므로 콜론에 의해 하나의 문장으로 연결되었다.

7.3.2 하나의 문장에 나오는 내용이나 단어를 뒤에 구체적으로 나열할 경우 콜론을 사용한다.

〈예문〉

Atoms comprise three kinds of smaller particles: protons, neutrons, and electrons.

(원자는 더 작은 3가지 종류의 입자로 구성되어 있다: 양자, 중성자, 그리고 전자)

이 문장에서, 앞에 나오는 입자를 콜론 다음에 구체적으로 나열하고 있다.

7.4 괄호 ( )의 사용법

문장 내 어떤 단어의 약자, 정의, 어떤 내용의 참고문헌 출처, 보충 정보를 문장 내에 삽입하고자 할 경우 괄호를 사용한다.

〈예문〉

Typical symptoms of Parkinson's disease (PD) are tremors, slowed movement, rigid muscles, and impaired balance.

(파킨슨병(PD)의 전형적인 증상은 떨림, 느린 움직임, 근육 강직, 그리고 평형 손상이다)

"PD"는 "Parkinson's disease"의 약자로서 그 단어 다음에 괄호를 사용하여 표시하였다.

〈예문〉

The particles were collected on the carbon film coating a nickel grid (Electron Microscopy Science, Model CF200-Ni).

(입자는 니켈 격자에 입혀진 탄소필름 위에 채집되었다)

"nickel grid"의 제조회사와 모델 번호를 괄호를 사용하여 표시하였다.

〈예문〉

This approach has been used in pharmaceutical industries for rapid synthesis and screening of drug candidates (Degani, 1999).

(이 접근 방법은 약물 후보물질의 신속한 합성 및 선별을 위해 제약회사에서 사용되어 왔다 (Degani, 1999))

이 문장 내용의 참고문헌 출처(저자와 출판 연도)를 표시하는 데 괄호를 사용하였다.

7.5 줄표 (—)의 사용법

7.5.1 문장 내에 삽입되는 보조 문구를 강조하고자 할 경우 줄표를 사용한다.

〈예문〉

In aerosol reactor design, the main goal is to produce particles with desired properties—primary particle size, aggregate size, and crystalline state.

(에어로졸 반응기 설계에 있어서 주요 목표는 원하는 특성을 가진 입자를 생산하는 것이다—1차입자 크기, 응집체 크기, 그리고 결정상태)

이 문장에서 줄표 이하의 내용은 앞의 특성(properties)을 구체적으로 나열한 보조 문구이다. 괄호를 사용하거나 콜론을 사용할 수도 있으나, 특별히 그 내용을 강조하기 위해 줄표를 사용하였다. 강조하고자 하는 보조 문구가 문장의 중간에 위치할 경우에는 그 문구의 앞과 뒤에 줄표를 붙인다.

7.5.2 시간이나 숫자의 범위를 표시할 때 줄표를 사용한다.

〈예문〉

Spherical particles, 100—200 nm in diameter, were produced within 1—2 s.

(1~2초 내에 직경 100~200나노미터의 구형 입자들이 생성되었다)

"nm"는 "nanometer"의 줄임 말이고 "s"는 "second"의 줄임 말이다.

7.6 붙임표 (-)의 사용법

7.6.1 명사를 수식하는 단어가 여러 개일 때 연관성이 높은 단어 사이에 붙임표를 붙인다.

〈예문〉

By introducing an automatic solids-handling system, the productivity of packaging silica granules was increased remarkably.

(하나의 자동 고체-조작 시스템을 도입함으로써 실리카 알갱이들을 포장하는 생산성이 현저하게 증가하였다)

이 문장에는 "system"이라는 명사 앞에 "automatic", "solids", "handling"의 3개의 단어가 나열되어 그 의미가 혼란스럽다. 서로 연관성이 있는 단어를 붙임표를 사용하여 연결하면 그 뜻이 더욱 명료해진다. "solids"를 "automatic"과 붙임표로 연결하면 "automatic-solids(자동-고체)", "handling"과 연결하면 "solids-handling(고체-조작)"이다. 자동으로 고체를 조작하는 시스템이라는 뜻이므로 "solids"를 "handling"과 연결하는 것이 옳다.

7.6.2 하나의 줄 끝에서 공간 부족으로 단어를 분할해야 할 경우 붙임표를 사용한다.

〈예문〉

As shown in Figure 1, the reaction of oxygen with the coal disappeared when all the oxygen supplied to the reactor was consumed.

(그림 1에서 보는 바와 같이, 반응기에 공급된 모든 산소가 소모되었을 때 산소와 석탄과의 반응이 사라졌다)

공간 부족으로 줄의 끝에 나오는 "disappeared"가 "dis"와 "appeared"로 분할되어 "appeared"는 다음 줄로 넘기고, "dis"에 붙임표를 붙여 "dis-"로 표기하였다. 단어를 분할하는 위치는, 아무 데서나 하는 것이 아니고, 단어를 구성하고 있는 음절과 음절 사이에서 분할한다. 하나의 음절은 적어도 하나의 모음을 포함하고 있고, 음절이 아니면 발음하기 어렵다는 통례에 의해 음절을 짐작할 수 있으나, 확인을 위해서는 음절을 표시하고 있는 사전을 찾아볼 필요가 있다.

7.7. 빗금(/)의 사용법

7.7.1 "per(당)"의 의미로 빗금을 사용한다.

〈예문〉

The boiler was heated at a rate of 10 degrees C/min.

(그 보일러는 1분당 섭씨 10도의 속도로 가열되었다)

7.7.2 대비되는 2개 이상의 어구를 함께 나타날 때 사용한다.

〈예문〉

The temperature was controlled by an on/off controller.

(그 온도는 하나의 켜짐/꺼짐 조절기에 의해 조절되었다)

08

8장 영어 문장 만들기

영어 문장 만들기

8.1 영어 문장과 한국어 문장의 특성 비교

영어 문장이나 한국어 문장 모두 주어, 동사, 목적어, 보어의 4가지 덩어리로 구성되어 있다. 한국어 문장에서는 동사가 문장의 마지막에, 영어 문장에서는 주어 다음에 위치한다. 한국어 문장에서는 주어, 동사, 목적어의 순서가 바뀌어도 그 뜻을 어느 정도 이해할 수 있으나 영어 문장에서는 그렇지 않다. 주어, 목적어로는 명사, 명사구(to + 동사, 동사 + ing), 명사절(접속사 + 주어 + 동사)이, 그리고 보어로는 명사, 명사구, 명사절, 형용사, 형용사구가 사용된다.

한국어 문장에서는 명사를 수식하는 형용사를 명사 앞에 배치하나 영어 문장에서는 형용사가 짧을 경우 명사 앞에, 여러 개의 단어로 구성되어 길 경우 (관계 대명사를 사용하는 형용사절 포함)에는 명사 뒤에 배치한다. "something" 등 "thing"으로 끝나는 단어를 수식하는 형용사는 길이에 상관없이 명사 뒤에 붙는다. "~의"를 뜻하는 "of"를 사용할 경우 "of" 앞뒤의 명사가 한국어 순서와 반대이다. 또한, 영어에서는 전치사가 명사의 앞에, 한국어에서는 명사의 뒤에 붙는다. 예를 들면, "생활에 관해"에서 "~에 관해"에 해당하는 전치사 "about"가 명사 "생활(life)" 앞으로 이동하여 "about life"로 표현된다.

〈예문〉

Patients tend to develop diseases similar in genetic structure to diseases that they already have.
(환자들은 그들이 이미 가지고 있는 질병과 유사한 유전적 구조를 가지고 있

는 질병을 얻게 되는 경향이 있다)

이 문장에서 "similar in genetic structure(유사한 유전적 구조)"는 "diseases(질병)"라는 명사를 수식하는 형용사이며 그 길이가 길어서 명사 뒤에 배치한다. 또한, "that they already have(그들이 이미 가지고 있는)"는 "diseases(질병)"라는 명사를 수식하는 형용사절로서 명사 뒤에 배치한다.

〈예문〉

The article, "Evolution of Human Brain", contains nothing new.

("인간 뇌의 진화"라는 제목의 그 논문은 새로운 것을 포함하고 있지 않다)

이 문장에서 "new"가 한 개의 단어이지만 "thing"으로 끝나는 명사를 수식하기 때문에 명사 뒤에 배치한다. "인간 뇌의 진화(Evolution of Human Brain)"에서 보는 것처럼, "of" 앞뒤의 명사가 한국어에서 와는 반대로 배치된다.

한국어 문장에서는 동사나 형용사를 수식하는 부사는 각각의 동사, 형용사 앞에 위치한다. 영어 문장에서는 부사가 문장의 앞에, 중간에, 마지막에 위치하기도 한다. 문장의 마지막에 위치하는 것이 일반적이나, 부사를 강조하고자 할 경우 문장의 앞에 배치하며 주어와 동사 사이에 두기도 한다.

〈예문〉

Despite the great importance of electricity, most of us rarely even think about life without electricity.

(전기의 중요성이 막대한데도 불구하고, 우리의 대부분은 전기가 없는 생활에 관해서 거의 생각조차 하지 않는다)

"Despite the great importance of electricity(전기의 중요성이 막대한데

도 불구하고)"는 "think(생각하다)"라는 동사를 수식하는 부사구로써 강조를 위해 문장의 앞에 배치하였다. "rarely even(거의 ~조차 하지 않는다)"도 "think"의 부사인데 주어와 동사의 중간, 즉 문장의 중간에 배치되었다. "about life without electricity(전기가 없는 생활에 관해서)" 또한 "think" 의 부사이며 문장의 마지막에 배치하였다.

"always", "ever", "rarely", "seldom", "never"와 같은 부사는 주어와 동사 사이에 배치한다. 문장 중에 "be" 동사 또는 조동사와 같은 보조 동사가 있을 경우 보조 동사 다음에 부사를 배치하나, 부사가 여러 개의 단어로 구성되어 길이가 길 때 문장의 마지막에 배치한다.

〈예문〉

Mechanization has greatly increased the number of people engaged in agriculture.

(기계화는 농업에 종사하는 사람의 수를 크게 증가시켰다)

이 문장에서 보조 동사 "has"와 본동사 "increased"의 사이에 부사 "greatly"를 배치하였다. 그러나, "greatly"를 유사어인 "to a great extent (큰 폭으로)"로 대체할 경우에는 그 길이가 길기 때문에 다음과 같이 문장의 뒤에 배치한다.

Mechanization has increased the number of people engaged in agriculture to a great extent.

한국어 문장에는 조사가 있으나 영어 문장에는 조사가 없다. 한국어의 경우 명사 뒤에 은(는)의 조사가 붙으면 주어, 을(를)의 조사가 붙으면 목적어가 되지만 영어의 경우에는 같은 명사라도 동사 앞에 오면 주어, 동사 뒤에 오면 목적어가 된다. 한국어와 달리 영어에는 관사(a, an, the)가 있다. 문장 부호의 사용법은 한국어와 영어가 유사하다.

8.2 영어 문장 만들기의 단계별 접근

이해를 돕기 위해 영어 문장 만들기를 아래와 같이 8단계로 나누었다. 영어 논문 작성의 초보자들은 8단계를 모두 따라가길 바란다. 연습을 통해 수준이 향상되면, 차츰 단계를 건너뛰어 결국에는 머릿속의 생각을 바로 영어 문장 으로 옮기는 수준에 도달할 수 있을 것으로 생각된다.

〈1단계〉

한국어 문장의 4가지 문장 요소(주어, 동사, 목적어, 보어)를 확인한다. 주어 는 "~은(는) 또는 이(가)"로 끝나고 목적어는 "~을(를)"로 끝난다. 보어는 주 어 또는 목적어를 설명하는 말이다.

〈2단계〉

한국어 문장을 주어, 동사, 목적어, 보어의 순서로 재배열한다. 각각의 위치 를 바꿀 경우 각각에 포함된 수식어와 함께 덩어리로 이동시킨다.

〈3단계〉

각각의 덩어리별로 한국어 단어를 영어 단어로 바꾼다. 이 과정에서 동사의 시제, 형태는 우선 생각나는 대로 적고, 형용사, 부사의 위치는 (8.1)에 기술 된 영어의 특성을 참조하여 재배치한다. 명사를 수식하는 수식어에 동사가 포함되어 있을 경우, 관계대명사(that, which 등) 또는 관계부사(where, when, why, how) 중 하나를 선택하여 명사 다음에 배치하고 그 다음에 수 식어를 배치한다.

〈4단계〉

문장 내에 주어, 동사가 2개 이상이면 주절과 종속절이 어떤 것인지 확인하고, 종속절 앞에 붙일 접속사를 선정한다.

〈5단계〉

각 명사 앞에 붙일 관사를 결정한다. (1장 a와 the 사용법 참조)

〈6단계〉

각 절의 동사에 대하여 시제, 형태를 결정하고 이에 맞도록 변형한다. (3장 동사의 사용법 참조)

〈7단계〉

문장 부호를 결정하여 적절한 곳에 붙인다. (7장 문장 부호 사용법 참조)

〈8단계〉

마지막으로 표현이 어색한 부분이 있는지 확인하고 필요하면 수정한다.

8.3 영어 문장 만들기 실습

영어 문장 만들기 실습을 위해 5가지의 한국어 예문을 준비하였고, 각각에 대한 영어 문장으로의 변환 과정을 해설과 함께 실었다.

8.3.1 연습 1

정부는 2030년까지 에너지 사용량의 11%를 신재생에너지로 공급하고자 하는 계획을 최근에 수립하였는데, 비용이 적게 드는 바이오에너지 자원이 우선 주목을 받고 있다.

〈1단계〉

한국어 문장에서 주어, 동사, 목적어, 보어를 확인한다.

주어: 1) 정부는; 2) 비용이 적게 드는 바이오에너지 자원이

동사: 1) 수립하였는데; 2) 받고 있다

목적어: 1) 2030년까지 에너지 사용량의 11%를 신재생에너지로 공급하고자 하는 계획을; 2) 주목을

보어: 없음

〈2단계〉

한국어 문장을 주어, 동사, 목적어, 보어의 순서로 재배열한다.

정부는 최근에 수립하였는데 2030년까지 에너지 사용량의 11%를 신재생에너지로 공급하고자 하는 계획을, 비용이 적게 드는 에너지 자원이 받고 있다 주목을.

〈3단계〉

한국어 단어를 영어 단어로 대체한다. 이 과정에서 동사의 시제, 형태는 우선 생각나는 대로 적고, 형용사, 부사의 위치는 영어의 특성에 맞게 재배치한다.

(1) "정부는 최근에 수립하였는데"는 "government recently made"로 번역한다.

(2) "2030년까지 에너지 사용량의 11%를 신재생에너지로 공급하고자 하는 계획을"에서

"2030년까지"는 "by 2030"으로,

"에너지 사용량의 11%"는 "11% of energy consumption"으로,

"신재생에너지로"는 "with renewable energy"로,

"공급하고자 하는 계획"은 "plan that supply"로 바꾼다.

다음, 이들을 하나로 연결하여 "plan that supply 11% of energy consumption with renewable energy by 2030"으로 번역한다.

(3) "비용이 적게 드는 바이오에너지 자원"은 "low cost bioenergy resource"로 번역한다.

(4) "받고 있다 주목을"을 "received primary attention"으로 번역한다.

(1), (2), 3), (4)을 종합하여, 3 단계 완료 후 문장은 다음과 같다.

Government recently made plan that supply 11% of energy consumption with renewable energy by 2030, low cost bioenergy resource received priority attention.

〈4단계〉

주어, 동사가 2개씩 (Government, made; resource, received)이므로 절이 2개이다. 문맥을 살펴볼 때 앞에 나오는 것이 더 중요한 주절이고 뒤에 나오는 것이 종속절이다. 종속절 앞에 붙일 접속사로 "in the plan(그 계획에서)"을 의미하는 "where"를 선택한다.

4단계 완료 후 문장은 다음과 같다.

Government recently made plan that supply 11% of energy consumption with renewable energy by 2030, where low cost bioenergy resource received priority attention.

〈5 단계〉

명사 앞에 붙일 관사를 결정한다.

(1) "Government(정부)"는 여러 나라 정부가 있으며 여기서는 한국 정부를

가리키기 때문에 정관사를 붙여 "Government"를 "The government"로 수정한다.

(2) "plan(계획)"은 그 계획을 세우는 것이 아니고 하나의 계획을 세우는 것이기 때문에 부정관사를 붙여 "plan"을 "a plan"으로 수정한다.

(3) "consumption(소비량)"은 명시되지는 않았지만, 일반적인 소비량이 아니고 한국의 소비량을 가리키기 때문에 정관사를 붙여 "energy consumption"을 "the energy consumption"으로 수정한다.

(4) "energy(에너지)"는 지정되지 않고 일반적인 의미로 사용되었으므로 정관사를 붙이지 않고 "energy"를 추상명사로 간주하여 부정관사도 붙이지 않는다.

(5) "resource(자원)"는 지정되지 않고 일반적 의미로 사용되었으므로 정관사는 붙이지 않고 "resource"가 하나만 있는 게 아니고 다수 있을 수 있으므로 복수형인 "resources"로 수정한다.

(6) "primary attention(주목)"은 지정되지 않았으므로 정관사를 붙이지 않고 "attention"이 셀 수 없는 명사이기 때문에 부정관사도 붙이지 않는다.

5단계 완료 후 문장은 다음과 같다.

The government recently made a plan that supply 11% of the energy consumption with renewable energy by 2030, where low cost bioenergy resources received priority attention.

〈6단계〉

위 문장에는 "made", "supply", "received" 등 3 개의 동사가 있다.

(1) "made"는 recently와 결합되어 있어 과거보다는 현재완료를 사용하는 것이 좋고 따라서 "has recently made"로 수정한다.

(2) "supply"는 사실을 나타내므로 현재형으로 사용한다. 단수 명사 "plan"에 맞추어 "supplies"로 수정한다.

(3) "received"는 사실을 나타내므로 현재형으로 사용한다. "received"를 "receive"로 수정한다.

6단계 완료 후 문장은 다음과 같다.

The government has recently made a plan that supplies 11% of the energy consumption with renewable energy by 2030, where low cost bioenergy resources receive priority attention.

〈7단계〉

"resources"를 수식하는 단어 3개 (low, cost, bioenergy) 중에서 "low"와 "cost"가 연관성이 크므로 이음줄로 연결한다.

7단계 완료 후 문장은 다음과 같다.

The government has recently made a plan that supplies 11% of the energy consumption with renewable energy by 2030, where low-cost bioenergy resources receive priority attention.

〈8단계〉

위 문장은 문법적으로 오류가 없으며 의미도 어느 정도 잘 전달되고 있다. 그러나, 개선의 여지가 있다.

"plan(계획)"이 11%를 supplies(공급하다)라고 하는 것보다는 "계획에 의하면" 11%를 공급한다고 하는 것이 더 논리적이다. "that"을 "by which"로 바꾸고 "energy consumption with renewable energy"를 "renewable energy supplies 11% of the energy consumption"으로 변경한다.

최종적으로 완성된 영어 문장은 다음과 같다.
The government has recently made a plan by which renewable energy supplies 11% of the energy consumption by 2030, where low-cost biotechnology resources receive priority attention.

8.3.2 연습 2
우리의 일상생활에 있어서 전기의 중요성이 막대한데도 불구하고, 우리의 대부분은 전기가 없는 생활이 어떨지에 관해서 거의 생각조차 하지 않는다.

〈1단계〉
각 문장에 대하여 주어, 동사, 목적어, 보어를 확인한다.
주어: 우리의 대부분은
동사: 일상생활에 있어서 전기의 중요성이 막대한데도 불구하고, 전기가 없는 생활이 어떨지에 관해서 거의 생각조차 하지 않는다.
목적어: 없음
보어: 없음

〈2단계〉
한국어 문장을 주어, 동사, 목적어, 보어의 순서로 재배열한다.
우리의 일상생활에 있어서 전기의 중요성이 막대한데도 불구하고, 우리의 대부분은 거의 생각조차 하지 않는다 전기가 없는 생활이 어떨지에 관해서.

〈3 단계〉

한국어 단어를 영어 단어로 대체한다. 동사의 시제, 형태는 우선 생각나는 대로 적는다.

(1) "우리의 일상생활에 있어서 전기의 중요성이 막대한데도 불구하고"에서 "우리의 일상생활에 있어서"는 "in our daily lives"로, "전기의 중요성이 막대 한데도 불구하고"는 "despite great importance of electricity"로 번역한다.

영어는 한국어와 어순이 반대인 경우가 대부분이다. "불구하고(despite)"가 전치사로 명사 "great importance of electricity" 앞에 놓이고 전기의 중요성을 수식하는 "우리의 일상생활에서(in our daily lives)"를 맨 마지막에 배치한다. 결과적으로, "우리의 일상생활에 있어서 전기의 중요성이 막대한데도 불구하고"는 "Despite great importance of electricity in our daily lives"로 번역한다.

(2) "우리의 대부분은"은 "most of us"로 번역한다.

(3) "전기가 없는 생활이 어떨지에 관해서 거의 생각조차 하지 않는다"에서 "전기가 없는 생활이 어떨지에 관해서"는 "about what life is like without electricity"로, 거의 생각조차 하지 않는다"는 "rarely even think"로 번역한다. "전기가 없는 생활이 어떨지에 관해서는"는 "think"를 수식하는 부사로서 뒤로 이동시켜 "전기가 없는 생활이 어떨지에 관해서 거의 생각조차 하지 않는다"를 "rarely even think about what life is like without electricity"로 번역한다.

(4) (1)~(3)을 종합하여, 3단계 완료 후 문장은 다음과 같다.

Despite great importance of electricity most of us rarely even think about what life is like without electricity.

〈4단계〉

종속절이 없으므로 접속사 해당 없음.

〈5단계〉

명사에 붙일 관사를 결정한다.

(1) "great importance(막대한 중요성)"은 "electricity(전기)"의 중요성으로 특정되었으므로 "the great importance"로 수정한다.

(2) "electricity(전기)"는 어느 전기로 지정되지 않았으므로 정관사는 붙이지 않고 셀 수 없는 명사이기 때문에 부정관사나 복수형으로 할 수 없으므로 그대로 유지한다.

(3) "life(생활)"는 "life"가 어느 생활로 지정되지 않았으므로 정관사는 붙이지 않는다. "life"는 셀 수 없는 명사, 셀 수 있는 명사의 2가지로 쓰이는데 여기서는 "삶"이라는 의미를 나타내므로 셀 수 없는 명사이고 따라서 부정관사를 붙이지 않고 그대로 유지한다.

5단계 완료 후 문장은 다음과 같다.

Despite the great importance of electricity most of us rarely even think about what life is like without electricity.

〈6 단계〉

이 문장에는 "think"와 "is"의 2 개 동사가 있다.

(1) "think"는 현재형 그대로 유지한다.

(2) "is"는 원문의 뜻에 따라 미래형 "would be"로 수정한다.

6단계 완료 후 문장은 다음과 같다.

Despite the great importance of electricity in our daily lives most of us rarely even think about what life would be like without electricity.

〈7단계〉
주어 "most of us"가 문장의 중간에 나오므로 그 앞에 쉼표를 붙인다.

〈8단계〉
"what life would be like"를 간단히 "life"로 대체하여도 원문의 의미를 손상시키지 않는다. 최종적으로 완성된 문장은 다음과 같다.

Despite the great importance of electricity in our daily lives, most of us rarely even think about life without electricity.

8.3.3 연습 3
아기의 성별은 아버지가 가지고 있는 정자의 성염색체에 의해 결정되는데, 정자는 X 염색체 하나와 Y 염색체 하나를 포함하고 있다.

〈1단계〉
각 문장에 대하여 주어, 동사, 목적어, 보어를 확인한다.
주어: 1) 아기의 성별은; 2) 정자는
동사: 1) 아버지가 가지고 있는 정자의 성염색체에 의해 결정되는데; 2) 포함하고 있다
목적어: 1) X 염색체 하나와 Y 염색체 하나를

〈2단계〉

한국어 문장을 주어, 동사, 목적어, 보어의 순서로 재배열한다.

아기의 성별은 결정되는데 아버지가 가지고 있는 정자의 성염색체에 의해, 정자는 포함하고 있다 X 염색체 하나와 Y 염색체 하나를.

〈3단계〉

한국어 단어를 영어 단어로 대체한다. 동사의 시제, 형태는 우선 생각나는 대로 적는다.

(1) "아기의 성별은"은 "sex of baby"로 대체한다.

(2) "결정되는데"는 "is determined"로 대체한다.

(3) "아버지가 가지고 있는 정자의 성염색체에 의해"에 있어서 "가지고 있는"이라는 동사가 "정자"를 수식하므로 관계대명사 "that"을 사용하여 "아버지가 가지고 있는 정자"를 "sperm that father has"로 번역하고, "정자의 성염색체에 의해"는 "by sex chromosome of sperm"으로 번역한다. 종합하여, "아버지가 가지고 있는 정자의 성염색체에 의해"를 "by sex chromosome of sperm that father has"로 번역한다.

(4) "정자는 포함하고 있다"는 "sperm contain"으로 번역한다.

(5) "X 염색체 하나와 Y 염색체 하나를"은 "a X chromosome and a Y chromosome"으로 번역한다.

(1) ~ (5)를 이상을 종합하여, 3단계 완료 후 문장은 다음과 같다.

Sex of baby is determined by sex chromosome of sperm that father has, sperm contain a X chromosome and a Y chromosome.

〈4단계〉

주어, 동사가 2개씩(sex, is determined; sperm contains)이다. 뒤에 나오는 "sperm"이 앞에 나오는 "sperm"과 동일하므로 관계대명사 "which"로

대체한다.

〈5단계〉

명사 앞에 붙일 관사를 결정한다.

(1) "sex(성별)"는 어떤 "baby(아기)"의 성별로 지정되므로 "the sex"로 수정한다.

(2) "baby(아기)"는 어떤 하나의 아이를 나타내므로 "a baby"로 수정한다.

(3) "sex chromosome(성염색체)"은 "sperm(정자)"의 성염색체로 지정되었으므로 "the sex chromosome"으로 수정한다.

(4) "sperm"은 아버지의 정자로 지정되었으므로 "the sperm"으로 수정한다.

(5) "father(아버지)"는 아기의 아버지로 지정되므로 "the father"로 수정한다.

(6) "X chromosome" 앞의 부정관사 "a"는 "X"의 발음이 모음으로 시작되므로 "an"으로 바꾼다.

5단계 완료 후 문장은 다음과 같다.

The sex of a baby is determined by the sex chromosome of the sperm that the father has, which contain an X chromosome and a Y chromosome.

〈6단계〉

이 문장에는 "is determined", "has", "contain" 등 3개의 동사가 있다.

(1) "is determined"는 사실을 나타내는 동사이므로 현재형으로 그대로 유지한다.

(2) "has"는 사실을 나타내는 동사이므로 현재형으로 그대로 유지한다.

(3) "contain"은 현재형으로 하며, 주어 "sperm"에 맞추어 "contains"로 수정한다.

6단계 완료 후 문장은 다음과 같다.
The sex of a baby is determined by the sex chromosome of the sperm that the father has, which contains an X chromosome and a Y chromosome.

〈7단계〉
문장 부호는 고칠 것이 없다.

〈8단계〉
"the sperm that the father has"를 "the father's sperm"으로 간단 화 한다.
최종적으로 완성된 문장은 다음과 같다.
The sex of a baby is determined by the sex chromosome of the father's sperm, which contains an X chromosome and a Y chromosome.

8.3.4 연습 4
그 액상의 반응물은 예열기에 의해 증발온도보다 섭씨 20도만큼 높은 온도로 가열된다.

〈1단계〉
한국어 문장에서 주어, 동사, 목적어, 보어를 확인한다.

주어: 그 액상의 반응물은

동사: 예열기에 의해 증발온도보다 섭씨 20도만큼 높은 온도로 가열된다.

목적어: 없음

보어: 없음

〈2단계〉

한국어 문장을 주어, 동사, 목적어, 보어의 순서로 재배열한다.

그 액상의 반응물은 예열기에 의해 증발온도보다 섭씨 20도만큼 높은 온도로 가열된다.

〈3단계〉

한국어 단어를 영어 단어로 대체한다. 이 과정에서 동사의 시제, 형태는 우선 생각나는 대로 적고, 형용사, 부사의 위치는 영어의 특성에 맞게 재배치한다.

(1) "그 액상의 반응물"은 "The liquid phase reactant"로 번역한다.

(2) "예열기에 의해 증발온도보다 섭씨 20도만큼 높은 온도로 가열된다."에서

"가열된다"는 "is heated"로, "예열기에 의해"는 "by preheater"로, "증발온도보다 섭씨 20도만큼 높은"은 "higher by 20 degree C than evaporation temperature"로 "온도로"는 "to temperature"로 번역한다.

이상을 종합하여 "예열기에 의해 증발온도보다 섭씨 20도만큼 높은 온도로 "가열된다"를 "is heated by preheater to temperature higher by 20 degree C than evaporation temperature."로 번역한다. "증발온도 보다 섭씨 20도만큼 높은"은 "온도"라는 명사를 수식하는 형용사이며 그 길이가 길기 때문에 명사 뒤에 배치되었다.

(1), (2)를 종합하여, 3단계 완료 후 문장은 다음과 같다.

The liquid phase reactant is heated by preheater to temperature higher by 20 degree C than evaporation temperature.

〈4단계〉
종속절이 없으므로 생략.

〈5단계〉
명사 앞에 붙일 관사를 결정한다.
(1) "preheater(예열기)"는 특정된 것이 아니므로 "a preheater"로 수정한다.
(2) "temperature(온도)"는 어떤 하나의 온도를 가리키므로 "a temperature"로 수정한다.
(3) "evaporation temperature(증발온도)"는 액상 반응물의 증발온도로 특정되어 있으므로 "the evaporation temperature"로 수정한다.
(4) "20 degree C(섭씨 20도)"는 "degree"를 복수형으로 하여 "20 degrees C"로 수정한다.

5단계 완료 후 문장은 다음과 같다.
The liquid phase reactant is heated by a preheater to a temperature higher by 20 degrees C than the evaporation temperature.

〈6단계〉
이 문장에는 "is heated"라는 동사 1개가 있다.
"is heated"는 원문이 현재형으로 되어 있으므로 그대로 둔다.

<7단계>

문장 부호와 관련된 수정 사항은 없다.

<8단계>

위 5 단계 완료 후 문장에 어색한 부분은 없으므로 수정이 불필요하다.

8.3.5 연습 5

액상의 티타늄 화합물로 구성된 에어로졸의 가수분해에 의해 구형의 이산화티타늄 입자를 제조하는 실험에서, 우리는 0.06에서 0.6 마이크론 미터 직경 범위의 좁은 입자 크기 분포를 가지는 구형의 이산화티타늄 입자들을 얻었다.

<1단계>

한국어 문장에서 주어, 동사, 목적어, 보어를 확인한다.

주어: 1) 우리는

동사: 1) 액상의 티타늄 화합물로 구성된 에어로졸의 가수분해에 의해 구형의 이산화티타늄 입자를 제조하는 실험에서 얻었다.

목적어: 1) 0.06에서 0.6 마이크론미터 직경 범위의 좁은 입자 크기 분포를 가지는 구형의 이산화티타늄 입자들을

보어: 없음

<2단계>

한국어 문장을 주어, 동사, 목적어, 보어의 순서로 재배열한다.

액상의 티타늄 화합물로 구성된 에어로졸의 가수분해에 의해 구형의 이산화

티타늄 입자를 제조하는 실험에서, 우리는 얻었다 0.06에서 0.6 마이크론 미터 직경 범위의 좁은 입자 크기 분포를 가지는 구형의 입자들을

"액상의 티타늄 화합물로 구성된 에어로졸의 가수분해에 의해 구형의 이산화티타늄 입자를 제조하는 실험에서"는 "얻었다"라는 동사를 수식하는 부사로서 (8.1)에서 언급한 바와 같이 문장의 앞에 둘 수도 있으므로 그대로 둔다.

〈3단계〉

한국어 단어를 영어 단어로 대체한다. 이 과정에서 동사의 시제, 형태는 우선 생각나는 대로 적고, 형용사, 부사의 위치는 영어의 특성에 맞게 재배치한다.

(1) "액상의 티타늄 화합물로 구성된 에어로졸의 가수분해에 의해 구형의 이산화티타늄 입자를 제조하는 실험에서"를 살펴보면 동사가 명사를 수식하는 곳이 2군데 있다. "구성된 에어로졸"과 "제조하는 실험"이다 동사가 명사를 수식하는 경우 명사 다음에 that을 두고 그다음에 수식하는 내용을 배치한다. 이를 적용하여,

"액상의 티타늄 화합물로 구성된 에어로졸"은 "aerosol that is composed of liquid phase titanium compound"로 번역한다. "구형의 이산화티타늄 입자를 제조하는 실험"은 "experiment that produce spherical titanium oxide particle"로 번역한다.

"실험에서"는 "in experiment"로, "에어로졸의 가수분해에 의해"는 "by hydrolysis of aerosol"로 번역한다.

이상을 종합하여 "액상의 티타늄 화합물로 구성된 에어로졸의 가수분해에 의해 구형의 이산화티타늄 입자를 제조하는 실험에서"를 "In experiment that produce spherical titanium oxide particle by hydrolysis of aerosol that is composed of liquid phase titanium compound"로 번역한다.

(2) "우리는 얻었다"는 "we obtained"로 대체한다.

(3) 마지막으로, "0.06에서 0.6 마이크론 미터 직경 범위의 좁은 입자 크기 분포를 가지는 구형의 입자들을"에서

"구형의 입자들"을 "가지는"이라는 동사가 수식하므로 "구형의 입자들" 다음에 that을 두고 그다음에 수식하는 내용을 배치한다.

"0.06에서 0.6 마이크론 미터 직경 범위"는 "from 0.06 to 0.6 μm in diameter"로, "좁은 입자 크기 분포"는 "narrow particle size distribution"으로 번역한다.

이상을 종합하여, "0.06에서 0.6 마이크론 미터 직경 범위의 좁은 입자 크기 분포를 가지는 구형의 입자들"을 "spherical particle that has narrow particle size distribution from 0.06 to 0.6 μm in diameter"로 번역한다.

(1), (2), (3)을 종합하여, 3단계 완료 후 문장은 다음과 같다.

In experiment that produce spherical titanium oxide particle by hydrolysis of aerosol that is composed of liquid phase titanium compound, we obtained spherical particle that has narrow particle size distribution from 0.06 to 0.6 μm in diameter.

〈4단계〉

문장 내 주어 동사가 1개 (we, obtained)씩 이므로 접속사가 필요 없다.

〈5 단계〉

명사 앞에 붙일 관사를 결정한다.

(1) "experiment(실험)": 문맥상 "실험"에 "그" 또는 "하나의"를 붙여도 무

방하다. 여기서는 "하나의"를 나타내는 부정관사 "an"을 붙인다.

(2) "titanium oxide particle(이산화티타늄 입자)": "입자"를 하나만 만들지 않고 다수를 만드는 것이므로 복수형 "particles"로 하고 입자들이 어떤 것으로 지정되지 않았으므로 정관사는 붙이지 않는다.

(3) "hydrolysis(가수분해)": "by" 다음에 방법을 나타내는 명사가 나올 경우 관사를 붙이지 않으므로 그대로 둔다.

(4) "aerosol(에어로졸)": "에어로졸"은 아주 작은 크기의 액체 방울을 가리키며 한 개가 아니고 다수가 존재하며 어떤 것으로 지정된 것이 아니므로 정관사 없는 복수형 "aerosols"로 수정한다

(5) "compound(복합물)": 지정된 것이 아니므로 정관사는 붙이지 않고 복수형 "compounds"로 수정한다.

(6) "spherical particle(구형의 입자)": 입자를 하나만 제조하는 것이 아니고 여러 개를 제조하므로 복수형으로 하고 지정되지 않았으므로 정관사는 붙이지 않는다.

(7) "narrow particle size distribution(좁은 입경 분포)": "좁은 입경 분포"에 여러 가지의 분포가 있을 수 있으므로 그중에 하나라는 의미로 부정관사를 붙여 "a narrow particle size distribution"으로 수정한다.

5단계 후 완료 후 문장은 다음과 같다.

In an experiment that produce spherical titanium oxide particles by hydrolysis of aerosols that is composed of liquid phase titanium compounds, we obtained spherical particles that has a narrow particle size distribution from 0.06 to 0.6 μm in diameter.

〈6단계〉

이 문장에는 "produce", "is composed of", "obtained", "has", 등 4개의 동사가 있다. 각 동사의 시제를 결정한다.

(1) "produce(제조하다)": 사실을 나타내는 현재형으로 3인칭 "experiment"에 맞추어 "produces"로 수정한다.

(2) "is composed of(~로 구성되어 있다)": 사실을 나타내는 현재형으로 그대로 유지하되 복수형 "aerosols"에 맞추어 "is"를 "are"로 수정한다.

(3) "obtained(얻었다)": 과거의 행위를 나타내는 과거형으로 그대로 유지한다

(4) "has(가지고 있다)": 사실을 나타내는 현재형으로 복수형 "particles"에 맞추어 "have"로 수정한다.

6단계 후 문장은 다음과 같다.

In an experiment that produces spherical titanium oxide particles by hydrolysis of aerosols that are composed of liquid phase titanium compounds, we obtained spherical particles that have a narrow particle size distribution from 0.06 to 0.6 μm in diameter.

〈7단계〉

"liquid phase titanium compounds"에서 명사 4개가 연속으로 붙어 있으므로 연관성이 깊은 명사 사이에 이음표를 붙여 "liquid phase"를 "liquid-phase"로 수정한다.

7단계 완료 후 문장은 다음과 같다.

In an experiment that produces spherical titanium oxide particles by hydrolysis of aerosols that are composed of liquid-phase titanium compounds, we obtained spherical particles that have a narrow particle size distribution from 0.06 to 0.6 μm diameter in diameter.

〈8단계〉

관계대명사 "that"다음에 "be" 동사가 나올 경우 "that + be 동사를" 생략한다. 따라서, "that are composed of"를 "composed of"로 간단 화 한다. "that have"를 "with"로 간단 화 한다.

최종적으로 완성된 문장은 다음과 같다.

In an experiment that produces spherical titanium oxide particles by hydrolysis of aerosols composed of liquid-phase titanium compounds, we obtained spherical particles with a narrow particle size distribution from 0.06 to 0.6 μm in diameter.

09

9장 논문의 구성 방법

논문의 구성 방법

과학기술 논문의 구성은 저널별로 약간의 차이가 있기는 하나 일반적으로 제목(Title), 저자 이름 및 소속(Author Names and Affiliations), 교신저자 정보(Corresponding Author Contact Information), 핵심단어(Key words), 초록(Abstract), 서론(Introduction), 재료 및 방법(Materials and Methods), 결과(Results), 고찰(Discussion), 결론(Conclusions), 감사(Acknowledgments), 사용기호 목록(Nomenclature), 참고 문헌(References), 부록(Appendices), 추가 정보(Additional information)의 순서로 이루어져 있다. 요즈음은 초록에 추가하여 그림초록(Graphical Abstract)과 서너 줄의 간단한 개조식 요약(Highlights)을 요구하는 저널이 증가하고 있다. 본 장에서는 논문의 구성항목별 작성 방법 및 요령에 관해 설명하고자 한다.

9.1 Title

논문의 내용을 함축하며 독자의 관심을 끌 수 있는 10~20 단어 정도로 만든다. 제목에는 정관사, 부정관사를 생략하는 경우가 많고, "A study of" 또는 "An investigation of" 등 진부한 표현을 피한다. 논문 쓰기 전에 일단 제목을 정하고 논문을 써 가면서 차츰 가다듬는다.

9.2 Author Names and Affiliations

논문에 기여한 사람들의 이름과 소속을 기여도의 순서로 나열한다. 제일 처음에 나오는 사람은 제1 저자라고 하여 기여도가 가장 높고 논문의 초안을 작성한 사람이다. 저자 중에서 저널 편집인, 독자와의 접촉 창구 역할을 담당하는 사람을 교신저자라고 하며 저자 이름에 기호로 표시하고 전화번호 이메일 주소 등을 제공해야 한다. 경우에 따라서는 교신저자가 제1 저자를 겸하는 경우도 있고 교신저자, 제1 저자가 2명 이상도 가능하다. 저자 이름 및 소속의 표기 사례는 다음과 같다.

Tu Quang Nguyen[a], Kyun Young Park[a],*, Kyeong Youl Jung[a], Sung Baek Cho[b]

[a]Department of Chemical Engineering, Kongju National University, 275 Budae-dong, Cheonan, Chungnam 330-717, Republic of Korea
[b]Korea Institute of Geoscience and Mineral Resources (KIGAM), 92 Gwahang-no, Yuseong-gu 305-350, Republic of Korea

상 첨자 a, b는 저자의 소속 기관을 구분하기 위한 기호, 별표(*)는 교신저자 표시 기호이다. 소속과 교신저자 표기 방법은 저널마다 차이가 있으므로 논문을 투고하고자 하는 저널의 지침을 참조해야 할 것이다.

9.3 Corresponding Author Contact Information

교신저자의 연락처는 저널의 편집자에게 제공되며 일반적으로 출간 논문 첫 페이지 좌측 하단에 다음과 같은 형식으로 표기된다.

*Corresponding author: Tel: +82 41 521 9354; fax: +82 41 554 2640.
E-mail address: kypark@kongju.ac.kr (K. Y. Park)

9.4 Key words

핵심단어는 관련 연구자들의 논문 탐색에 도움을 주고자 제공되는 것이므로 제목에 이미 나와 있는 단어 이외에 논문의 내용을 대표하는 단어로 2~4개 정도로 하는 것이 적당하다.

9.5 Abstract

초록은 논문의 전체 내용을 150~250단어로 축약한 것으로서 단일 문단으로 작성한다. 독자가 초록을 읽어 보고 나서 논문 전체를 읽을지 여부를 결정하며 논문 검색 엔진에 초록이 제공되기도 하므로 작성에 각별한 신경을 써야 한다. 초록은 보통 논문의 서론, 본론, 결론을 작성한 이후에 이를 바탕으로 마지막에 작성한다.

초록은 1~2문장의 연구 배경 등 일반적 소개로 시작해서 현재의 문제점을 거론하고 본 논문에서 하고자 하는 연구 방향을 기술한 다음 연구 방법, 결과, 결론을 요약하고 마지막으로 1~2 문장 정도를 할애하여 논문의 파급 효과, 전망 등에 관해 기술한다.

초록에는 약어나 문헌 인용을 사용하지 않는 것이 일반적이나 꼭 필요하다고 판단되고 저널의 투고 지침에 위배되지 않는다면 사용할 수도 있다. 약어는 처음 쓰고자 하는 곳에 괄호를 쳐 표기한 다음 이후 필요한 곳에 사용한다. 문헌을 인용하고자 할 때는 그 출처를 초록에 밝혀야 한다. 본문의 인용 문헌을 번호만 가져다 사용해서는 안 된다.

9.6 Introduction

논문의 연구 주제가 속하는 분야에 대한 포괄적이고 일반적인 현황, 중요성, 활용분야 등을 먼저 간단하게 기술한다. 이후 범위를 논문 주제 쪽으로 좁혀 가며 이전 연구의 문제점, 한계성 등을 거론한다. 기술 과정에서 내용을 뒷받침하는 참고 문헌을 적절한 곳에 인용하고 저널에서 요구하는 형식에 따라 표기한다.

마지막으로, 이전 연구와 본 연구의 차별성, 창의성을 부각하고 이루고자 하는 연구의 목표를 제안한다. 목표를 달성하기 위한 연구 방법 및 범위를 밝히고, 본 연구의 취약점도 함께 언급한다.

참고 문헌의 표기 방식은 저널에 따라 다르며 아래와 같이 저자-년도 표기, 인용문헌 번호 표기의 두 가지 방식이 있다.

(1) 저자-년도 표기:

A number of laboratory-scale tests have been made on coal gasification (Park, 1982; Park and Edgar, 1984; Mai et al., 1985).

참고 문헌을 인용하고자 하는 문장의 마지막에 소 괄호를 치고 그 안에 인용 문헌의 저자의 성, 논문 발행 연도를 표기한다. 인용 문헌의 수가 2개 이상일 경우 문헌 사이에 세미콜론 찍는다. 저자가 2명 일 경우 2명 모두 표기하며 3명 이상일 때는 제1 저자의 성 다음에 등을 의미하는 et al. 을 붙인다.

Mondy and Blottner (1982) estimated that the steady state would be reached within three minutes.

문장 내에서 저자의 이름을 인용할 경우 저자 이름 다음에 괄호를 치고 그 안에 논문 발행 연도를 표기한다.

(2) 인용 문헌 번호 표기:

A number of laboratory-scale tests have been made on coal gasification[1,2,3].

A number of laboratory-scale tests have been made on coal gasification [1,2,3].

인용하고자 하는 논문의 참고 문헌 번호(논문의 마지막에 모아 놓은 참고문헌 정보의 해당 논문 번호)를 인용하고자 하는 문장의 마지막에 상 첨자로 또는 대 괄호 안에 표기한다.

위에 기술된 인용 논문 표기 방법은 서론뿐만 아니라 논문 전체에 걸쳐 적용된다.

9.7 Materials and Methods

연구에 사용된 재료 및 실험, 분석방법을 상세하게 기술한다. 사용된 시약 등의 재료, 기기에 대하여 제조사, 규격 또는 모델 번호를 다음과 같이 표시해준다.

〈예문〉

A predetermined volume of pure alcohol (493511, Sigma-Aldrich) was injected into the bottle by a 1 μl syringe (SGE, Model SG-000500).

(미리 정해진 부피의 순수한 알코올이 1미크론 리터 용량의 주사기에 의해 병 속으로 주입되었다.)

의학 논문에서처럼 환자가 연구에 포함될 경우 관련 해당 기관의 임상시험심사위원회(Institutional Review Board)의 승인과 환자의 동의를, 실험동물을 사용할 경우 동물실험윤리위원회 승인을 받았음을 밝혀야 한다. 연구에 사용된 환자, 동물의 수, 선정 방법, 데이터의 통계학적 처리 방법을 기술한다.

〈예문〉

After approval by the Institutional Review Board (IRB No.: 2020-04-009), consent forms from the patients were obtained, and a total of 300 cases with lower urinary tract symptoms were retrospectively evaluated between January 2015 and December 2017.

(임상시험심사위원회의 승인 후 환자로부터 동의서를 받았고, 2015년 1월부터 2017년 12월 사이에 하부요로 증상을 가진 총 300명의 환자가 후향적 평가를 받았다.)

컴퓨터를 이용한 모델링이나 모사(simulation)의 경우 모델에 사용된 방정식 및 방정식의 수치해석 방법, 컴퓨터 프로그램을 기술한다.

연구의 종류에 따라 "Materials and Methods" 대신에 "Patients and Methods", "Model development and Numerical solution" 등으로 이름을 변경할 수 있고, 저널에 따라 본 항목을 논문의 마지막에 두기도 한다.

9.8 Results

연구 결과를 먼저 표(Table) 또는 그림(Figure)의 형태로 정리한다. 그림에는 도표, 그래프, 사진 등이 포함된다. 숫자를 보여 주고자 할 경우에는 표를 사용하고, 추세를 보여 주고자 할 경우에는 그림을 사용한다. 표로 보여 준 내용을 그림으로 또다시 보여 주는 중복성을 피한다.

표와 그림에는 번호를 부여하고 번호 다음에 설명(caption)을 붙인다. 그 설명은 간결하면서도 독자가 본문을 읽어 보지 않고도 내용을 파악할 수 있도록 해야 한다. 표의 caption은 표 위에, 그림의 caption은 그림의 아래에 위치시킨다. 사진을 그림으로 나타낼 경우에는 축척을 나타내는 스케일바를 함께 나타내야 한다. 논문 투고 시 제출된 표와 그림이 실제 논문에서는 그 크기가 축소될 수 있으므로 이를 감안하여 글자, 기호 등을 충분히 크게 해야 한다. 표에 나타나는 숫자들의 유효숫자가 현실적이야 하고 일관성이 유지되어야 한다. 표나 그림에 나오는 숫자들이 단위를 가질 경우 표시해 주어야 하며 피치 못할 경우를 제외하고는 SI(국제단위)를 사용한다.

표와 그림이 작성되었으면 각각에 대하여 문장 형식으로 설명한다. 설명하는 문장에 관련된 표나 그림의 번호를 다음에서 보는 같이 표시한다.

〈예문〉

Table 1 shows that blood pressure increases with age but differs little between sexes.

(표 1은 혈압이 나이에 따라 증가하나 성별에는 큰 차이가 없다는 것을 보여 주고 있다)

〈예문〉

As shown in Figure 1, the temperature increased initially, reached a maximum, and then decreased.

(그림 1에서 보여 준 바와 같이, 그 온도는 처음에 증가했고, 최고점에 도달한 다음에는 감소했다)

표나 그림의 번호를 다음과 같이 문장 내에 표시하지 않고 마지막에 괄호를 쳐서 그 안에 표시하기도 한다.

The temperature increased initially, reached a maximum, and then decreased (Figure 1).

표나 그림을 해당 설명이 이루어지는 곳에 배치하기도 하나 많은 저널에서는 각각을 별도의 페이지에 담아 목록과 함께 제출하도록 요구하고 있다.

9.9 Discussion

위의 "Results" 항목에서 기술된 내용을 바탕으로 그 결과가 예상되었는지 확인하고 예상되지 않은 결과가 나왔다면 그 원인을 분석한다. 본 연구 결과를 이전의 연구 결과와 비교 분석한다. 서론 부문에서 언급했던 연구의 중요성과, 해당 분야의 진보에 미치는 파급 효과를 보여 주고, 활용성을 기술한다.

"Results"와 "Discussion"을 통합하여 "Results and Discussion"으로 묶는 경우도 상당하다. 통합의 이점은 독자들이 어떠한 사안에 대하여 결과와 고찰을 함께 볼 수 있어 편리하다. "Results"와 "Discussion"을 분리하면 독자의 초점이 분산되지 아니하고 각 항목에 집중됨으로써 맥락을 더욱 잘 이해하는 데 도움이 될 수 있다.

저자의 경험에 비추어 보면, 이 항목을 작성하는 데 시간과 노력이 가장 많이 소요되었으며, 논문의 채택 여부를 결정하는 데 있어 창의성과 함께 가장 영향을 미치는 항목이라고 생각된다.

9.10 Conclusions

서론에서 제시했던 연구 목표가 어느 정도 달성되었는지를 밝히고, 연구를 통해 새롭게 얻어진 중요 결과들을 요약하고 그 의미를 기술한다. 본 연구의 파급 효과와 함께 한계성을 지적하고 보완할 점을 제안한다. 결론 항목이 별도로 없는 논문도 있는데 이럴 경우에는 그 내용을 "Discussion" 항목에 통합한다. 결론 항목의 길이에 대해 제한은 없으나 한 조사 결과에 의하면 평균적으로 1~2개 문단, 100~200 단어 정도인 것으로 보고되었다.

9.11 Acknowledgments

연구에 도움을 제공한 개인 또는 기관을 기술한다. 예를 들면 연구비 지원기관, 자문을 제공한 개인, 기기 분석을 제공한 기관이나 개인, 기타 원고 작성과 관련하여 도움을 준 개인 등이다.

9.12 Nomenclature

논문에 나오는 기호들을 알파벳 순서로 나열하고 그 의미를 설명한다. 필요할 경우 단위를 함께 적는다. 단위는 국제표준단위(SI)를 사용하는 것을 원칙으로 한다.

9.13 References

논문에 인용한 참고 문헌들을 모아 번호 순서대로 또는 알파벳 순서대로 나열한다. 표기 방법은 저널별로 다르기 때문에 해당 저널의 지침을 따른다.

9.14 Appendices

구태여 논문에 넣지 않아도 되지만 독자들의 이해에 도움이 되거나 본문에 넣기에는 너무 지루하고 본문의 흐름을 저해하는 내용은 부록에 포함시킨다. 예를 들면, 가공되지 않은 데이터(raw data), 본문에 있는 표, 그림을 보완하는 자료, 설문조사 질문지, 연구에 사용된 장비의 상세한 설명, 너무 긴 모델 방정식 유도 및 해석 과정 등이다. 부록에 싣는 표, 그림에는 본문과는 독립적인 번호를 부여한다. 예를 들어 "Table A1"으로 하여 본문의 "Table 1"과 차별화한다.

9.15 Additional Information

9.15.1 Supplementary information

고해상도 이미지, 비디오 파일, 데이터 파일, 물성특성 측정 자료 등 논문의 보충자료를 별도의 파일 형태로 제출한다. 논문의 원고 끝에 어떠한 내용이 "Supplementary information"에 포함되어 있는지 밝혀야 한다. 별도의 파일로 제출될 "Supplementary information"에는 논문 제목, 저자 및 소속, 교신저자 연락처 등이 포함되어야 하며 표, 그림 등도 본문과 독립적으로 번호를 부여한다. 예를 들면 "Figure S1" 등으로 하여 본문의 "Figure 1"과 차별화한다.

9.15.2 Competing financial interests (재정적 이해관계)

저널에 따라서는 저자들이 자문 등을 통하여 후원자로부터 재정적 이득을 받고 있는지 밝히길 요구한다. 그 이유는 이런 재정적 이득에 의해 연구 결과 및 해석이 왜곡되는 것을 방지하기 위함이다. 논문 발간 시 논문 말미에 이러한 재정적 이해관계가 없음이 명시되는데 예를 들면 다음과 같다.

〈예문〉

The authors declare that they do not have any competing financial interests.

(저자들은 그들이 어떠한 재정적 이해관계도 가지고 있지 않음을 선언한다.)

부록

부록 A 서론에 자주 나오는 구문

A1. ~에 대하여 많은 관심이 집중되어 왔다.

A flurry of attention has been directed toward ~.

〈예문〉

In recent years, a flurry of attention has been directed toward developing the conversion of carbon dioxide into fuel.

(최근 몇 년 사이에 이산화탄소를 연료로 전환하는 방법을 개발하는데 많은 관심이 집중되었다.)

"a flurry of"를 "much"로, "directed toward"를 "paid to"로 대체 가능하다.

A2. ~에 대한 관심이 계속 증가하고 있다.

There has been growing interest in ~.

〈예문〉

In recent years there has been growing interest in treating sleep apnea naturally.

(최근 몇 년 사이에 수면 무호흡증을 자연 치료하는 것에 관한 관심이 증가하고 있다)

A3. ~을 실증하기 위해 많은 연구들이 수행되어 왔다.

Many studies have been made to demonstrate ~.

〈예문〉

Many lab-scale studies have been made to demonstrate novel methods of water splitting to produce hydrogen and oxygen.
(수소와 산소를 생산하기 위한 물 분해의 새로운 방법들을 실증하기 위해 실험실 규모의 많은 연구들이 수행되어 왔다)

A4. 우리가 직면하고 있는 중요 문제의 하나는 ~이다.

One of the main problems that confront us is

〈예문〉

One of the main environmental problems that confront us is ozone layer depletion.
(우리가 직면한 중요한 환경 문제의 하나는 오존층의 파괴이다)

A5. 우리가 알기로는 이전의 어떤 연구도 ~를 조사한 적이 없다.

As far as we know, no previous research has investigated ~.

〈예문〉

As far as we know, no previous research has investigated the entangled relationship between diseases.
(우리가 알기로는 이전의 어떤 연구도 질병들 사이의 얽히고설킨 관계를 조사한 적이 없다)
"As far as we know"를 "to our knowledge"로, "research"를 "study" 또는 "work"로 대체 가능하다.

A6. 이 접근 방식의 주요 문제점은 ~이다.

A primary problem with this approach is that ~.

〈예문〉

A primary problem with this approach is that it does not consider the seasonal variations in temperature and humidity.

(이 접근 방식의 문제점은 온도와 습도의 계절적 변화를 고려하지 않는 것이다)

A7. ~에 초점을 맞춘 연구는 거의 없었다.

Few studies have focused on ~.

〈예문〉

Few studies have focused on elucidating the connection between shared symptoms and shared genes of two diseases.

(두 질병의 공통 증상과 공유 유전자 사이의 연관성을 밝히는 데 초점을 맞춘 연구는 거의 없다)

A8. 이것은 특별히 새로운 것이 아니고 ~분야에서 수년 동안 사용되어 왔다.

This is not particularly new but has been used for many years in the field of ~.

〈예문〉

This method is not particularly new but has been used for many years in the field of medicine.

(이 방법은 특별히 새로운 것은 아니고 의학 분야에서 수년 동안 사용되어 왔다)

A9. ~하기 위한 몇 가지 시도들이 있었다.

There have been several attempts to ~.

〈예문〉

There have been several attempts to solve the problem.

(그 문제를 해결하기 위한 몇 가지 시도들이 있었다)

A10. 그 문제를 극복하기 위한 하나의 방법은 ~이다.

One way to overcome the problem is to ~.

"problem(문제)" 대신 "obstacle(장애물)", "challenge(도전)"로 교체 사용 가능하다.

〈예문〉

One way to overcome the problem of the engine being overheated in summer is to replace the engine cooling system with a new one.

(여름에 엔진이 과열되는 문제를 극복하기 위한 한 가지 방법은 엔진 냉각 시스템을 새것으로 교체하는 것이다)

A11. 이전의 연구들은 ~을 관심을 가지고 살펴보았다.

Previous studies addressed ~.

〈예문〉

Previous studies addressed the problem that the catalyst activity decayed with time.

(이전의 연구들은 그 촉매의 활성이 시간에 따라 떨어지는 문제점을 관심을 가지고 살펴보았다)

"Previous" 대신 "Earlier"로 교체 가능하다. "address"의 유사어로 "solve", "deal with"가 있다. "solve(해결하다)"는 문제의 해결방안을 찾아내는 것이다. "deal with(다루다)"에 비해 "address"를 사용하면 문제의 해결방안이 있는지 살펴본다는 뜻을 담고 있다.

A12. 우리는 ~를 살펴보았다.
We examined ~.

〈예문〉

We examined the relationship between blood pressure and race.

(우리는 혈압과 인종과의 관계를 살펴보았다)

"examine"과 유사한 단어로 "investigate"가 있는데, "investigate"는 단순히 어떤 것을 살펴보는데 그치지 않고 숨겨진 사실이나 원인을 밝히는 행위로서 "조사하다"의 의미를 지닌다.

〈예문〉

We investigated the mechanisms of Covid-19 transmission from individual to individual.

(우리는 Covid-19이 개인에서 개인으로 전파되는 메커니즘을 조사하였다)

"investigate"와 유사한 단어로 "explore"가 있는데, "explore"는 "탐색하

다"의 의미가 강하다. 위의 예문에서 "investigate" 대신에 "explore"를 쓰면 "어떤 메커니즘이 있는지 탐색하였다"라는 뜻으로 뉘앙스에 차이가 있다. 또한, "investigate"와 유사한 단어로 "study"가 있는데, "study"는 어떤 주제에 대해 조사, 분석, 결론 도출 등 보다 포괄적인 연구행위이다.

〈예문〉

We studied the conversion of plastic wastes into fuels.

(우리는 플라스틱 폐기물을 연료로 전환하는 데 대해 연구했다)

또한, "study"와 유사한 단어로 "research"가 있는데, "research"가 동사로 사용될 경우에는 "study"와 큰 차이가 없다. 그러나, 명사로 사용될 경우 "research"는 "study"보다 범위가 넓으며 집합명사로서 앞의 "관사"부문에서 언급한 바와 같이 부정관사를 붙이지 않는다.

A13. 본 연구는 ~을 목표로 한다.

The present study aims to ~.

〈예문〉

The present study aims to elucidate the mechanism of photoconversion of carbon dioxide and water into hydrocarbons.

(본 연구는 이산화탄소와 물의 탄화수소로의 광 전환 메커니즘을 밝히는 것을 목표로 한다)

"aims to elucidate" 대신 "aims at elucidating"을 사용할 수도 있다. "aim to" 다음에는 동사가, "aim at" 다음에는 (동)명사가 나오며 "aim at"을 사용하면 정해진 목표에 조준하는 의미가 더욱 강하다.

A14. 본 연구의 목적은 ~이다.

The purpose of this study is to ~.

〈예문〉

The purpose of this study is to explore the possibility of using nanoparticles as drug carriers.

(본 연구의 목적은 나노 입자를 약물 전달체로 사용하는 가능성을 탐색하는 것이다)

"purpose"와 유사한 단어로 "aim", "objective"가 있다. "purpose"는 무엇을 하고자 하는 방향을 의미하고, 나머지 단어들은 달성하고자 하는 목표를 가리킨다. "aim"은 장기적, 포괄적 목표를 나타내고, "objective"는 상대적으로 단기적이고 구체적인 목표를 나타낸다.

A15. 이것은 ~을 할 때 문제를 야기한다.

This poses problems when ~.

〈예문〉

Narcotic drugs may pose serious problems when misused.

(마약은 남용될 때 심각한 문제를 야기할 가능성이 있다)

A16. ~에 대하여 어느 정도의 진전이 있었지만,

While some progress has been made toward ~,

〈예문〉

While some progress has been made toward recycling plastic waste, the recycling rate is still low compared to other recoverable materials.

(플라스틱 폐기물 재활용에 대하여 어느 정도 진전이 있었지만, 재회수가 가능한 다른 물질들에 비해 그 재활용률은 아직 낮다)

A17. ~하는 것은 흥미롭다.

It is of interest to ~.

〈예문〉

It is of interest to elucidate the connection between shared symptoms and shared genes of two diseases.

(두 질병의 공유 유전자와 공유 증상 사이의 관계를 밝히는 것은 흥미롭다)

"of interest"는 "interesting"과 유사하나 보다 격식을 갖춘 표현으로 과학 기술 논문에 흔하게 사용된다.

A18. 이것은 ~ 보다 장점이 있다.

This has advantages over ~.

〈예문〉

Our method has several advantages over existing methods.

(우리의 방법은 기존의 방법들에 비해 몇 가지 장점들이 있다)

A19. 지난 몇 년에 걸쳐,

Over the past few years,

〈예문〉

Over the past few years, several attempts have been made to solve the problem.

(지난 몇 년에 걸쳐 그 문제를 해결하기 위한 몇 차례 시도들이 있었다)

A20. 이것은 거의 연구된 바가 없다.

This has rarely been studied.

〈예문〉

Systematic analysis of the particle growth mechanisms has rarely been studied.

(그 입자 성장 메커니즘의 체계적 분석은 거의 연구된 바가 없다)

A21. 이것은 ~에 응용할 데가 있다.

This finds applications in ~.

〈예문〉

This new technique may find applications in the manufacture of semiconductors.

(이 새로운 기법은 반도체 제조 분야에 응용할 데가 있을 가능성이 있다)

A22. ~에 관해서 의문들이 제기되어 왔다.

Questions have been raised about ~.

〈예문〉

Questions have been raised about the effectiveness of the analytical method.
(그 분석 방법의 효용성에 관해서 의문들이 제기되어 왔다)

A23. 이 연구의 주요 기여는 ~이다.
The main contribution of this study is ~.

⟨예문⟩

The main contribution of this study is to verify the hypothesis experimentally.
(이 연구의 주요 기여는 그 가설을 실험적으로 증명하는 것이다)

A24. 이것이 점점 더 많은 관심을 받고 있다.
This has received increasing attention.

⟨예문⟩

Miniaturization of measuring devices has received increasing attention.
(측정 기기의 소형화가 점점 더 많은 관심을 받고 있다)

A25. 본 논문에서 우리는 ~를 제안하고자 한다.
In this paper, we propose ~.

⟨예문⟩

In this paper, we propose a new method for synthesizing benzene.

(본 연구에서 우리는 벤젠 합성을 위한 새로운 방법을 제안하고자 한다)

A26. 본 연구의 독창성은 ~에 있다.

The originality of this study lies in ~.

〈예문〉

The originality of this study lies in the development of a new catalyst.

(본 연구의 독창성은 새로운 촉매의 개발에 있다)

부록 B 결과, 고찰에 자주 나오는 구문

B1. A는 B와 같다.

B1.1 A is the same as B.

〈예문〉

The pressure in the tank is the same as that in the evaporator.

(그 탱크 내 압력과 그 증발기 내 압력은 같다)

B1.2 A is identical to B.

"identical"은 A와 B의 모든 구성 요소들이 같다는 의미를 지닌다. 예를 들면, 쌍둥이는 외모, 크기, 성질 등이 모두 같지만 같은 사람은 아니다. 따라서 쌍둥이가 서로 같다는 것을 표현하는 데는 "same"이 아니고 "identical"을 사용한다. 사본이 원본과 내용은 같을지라도 원본은 아니므로 사본과 원본이 같다는 경우 "same"이 아니고 "identical"을 사용한다.

〈예문〉

Generic drugs are identical to brand-name drugs.

(복제약들은 상표가 있는 약들과 같다)

여기서 "같다"의 의미는 성분, 효과 안정성 등이 같다는 것이다

B1.3 A is equal to B.

"equal"은 A와 B가 가치, 수량, 기회 등에 있어서 동등하다는 의미를 지닌다. "is equal to" 대신에 동사 "equals"로 대체 가능하다.

〈예문〉

Two plus three is equal to five.

(2와 3을 더하면 5와 같다)

〈예문〉

Women's rights are equal to men's rights.

(여자의 권리는 남자의 권리와 같다)

B1.4 A is equivalent to B.

A는 B와 대등하다. 따라서, A가 B의 대체재가 될 수 있다는 의미를 함축하고 있다.

〈예문〉

Video results were equivalent to in-person results in the study of human-robot interactions.

(인간과 로봇의 상호작용 연구에서 비디오 결과가 대면 결과와 대등했다)

사람이 실제로 로봇의 움직임을 관찰하는 대신 로봇의 비디오 영상을 관찰해도 소기의 연구 목적을 달성할 수 있다는 의미를 담고 있다.

B2. A는 B와 비슷하다.

A is similar to B.

〈예문〉

The particles synthesized in the present study are similar in size and morphology to those prepared by other investigators.

(본 연구에서 합성된 입자들은 크기와 형상에 있어서 다른 연구자들에 의해 만들어진 입자들과 비슷하다)

"어떤 점에 있어서" 비슷한지를 표현하기 위해 similar와 to 사이에 전치사 "in"을 사용한다.

B3. A는 B와 다르다.

 A is different from B.

〈예문〉

Our production method is different from existing ones in that dry particles can be produced in one step.

(건조한 입자들이 한 단계로 제조될 수 있다는 점에서 우리의 제조 방법은 기존의 제조 방법들과는 다르다)

"is different from" 대신에 "differs"로 대체 가능하다. 어떤 점 (something)에서 다른지를 표현하고자 할 때는 "from" 앞에 "in something"을 붙인다.

B4. A는 B보다 ~하다.

A + 동사 + 비교급 형용사(또는 부사) + than B

〈예문〉

The catalyst produced by this method is more active than commercial catalysts.

(이 방법으로 제조한 촉매는 상용 촉매보다 더 활성이 높다)

위 예문에서 "활성이 높다" 대신 "5배만큼 활성이 높다"라고 표현하고자 할 때는 "more active"를 "five times more active" 또는 "more active by five times"로 한다. "by five times" 대신에 "by a factor of five"라고 표현할 수 있다. 10배(ten times)를 "an order of magnitude", 100배를 "two orders of magnitude" 등으로 표현하기도 한다.

"5배 증가"는 "increase by five times" 또는 "increase by a factor of five"라고 표현하거나 다음의 예문에서처럼 "fivefold increase"로 표현한다.

〈예문〉

A fivefold increase in the gas flow rate had little effect on the particle size.

(가스의 유량의 있어서 5배 증가는 입자크기에 별 영향을 주지 못했다)

B5. A는 B보다 ~하다.

위의 "A는 B보다 ~하다"의 경우 "B보다(than B)"에서 "B"는 명사, "than"은 전치사이다. "than" 다음에 명사가 아니고 다음과 같이 "명사 + 동사"가 나오는 경우도 있다.

〈예문〉

My blood pressure is higher now than it has ever been.

(지금 내 혈압은 지금까지의 어떤 혈압보다도 높다)

B6. A는 B와 일치한다.

A agrees with B.

〈예문〉

The simulated result agrees well with the experimental result.

(모사 결과는 실험결과와 잘 일치한다)

"agrees well with" 대신에 "is in good agreement with"를 사용할 수 있다.

B7. 실험데이터에 맞추다.

Fit experimental data.

〈예문〉

The model parameters were determined such that model predictions fit experimental data.

(그 모델의 파라미터들을 모델 예측이 실험데이터를 맞추도록 결정되었다)

〈예문〉

The model was fitted to experimental data by the least-square method.

(그 모델은 최소 자승법에 의해 실험데이터에 맞추어졌다)

B8. A와 B를 비교하다.

B8.1 "compare A with B"

〈예문〉

We compared simulation results from the mathematical model with data obtained from the experiment.

(우리는 그 수학 모델의 모사 결과와 실험으로부터 얻어진 데이터를 비교하

였다)

B8.2 "compare A to B"
〈예문〉

"compare A with B"와 호환되어 사용된다. 그러나, A를 B에 비유할 경우에는 "compare A to B"를 사용한다.

〈예문〉

The movement of nanoparticles in a liquid is compared to the Brownian motion of pollen grains in water.
(액체 내 나노입자의 움직임은 물 속에 있는 꽃가루의 브라운 운동에 비유된다)

B9. A와 B의 비교

"comparison of A with B" 또는 "comparison between A and B"라고 표현한다.

〈예문〉

An example of the use of our database is a comparison between genetic and infectious diseases.
(우리 데이터베이스의 한 가지 활용 예는 유전병과 전염병의 비교이다)

B10. A가 B와 비교할 만하다.

A is comparable to B.

A와 B를 비교해 볼 때 서로 큰 차이가 없음을 나타낸다.

<예문>

Figure 1 shows that simulation results are comparable to experimental results.

(그림 1은 모사 결과가 실험결과와 비교할 만하다는 것을 보여준다)

B11. A와 비교해 볼 때

"compared to A", "in comparison with A", 또는 "in comparison to A" 라고 표현한다.

<예문>

Compared to previous methods, our production method is lower in cost but higher in yield.

(이전의 방법들과 비교해 보면, 우리의 생산 방법은 가격은 더 저렴하나 수율은 더 높다)

B12. A는 B와 모순된다.

A contradicts B.

<예문>

Our experimental results contradict those of previous investigators.

(우리의 실험결과는 이전 연구자들의 결과와 모순된다)

"contradict"에서 파생되어 "contradictory(모순되는)" 또는 "in contradiction with(~와 모순되게)"의 표현도 사용된다.

〈예문〉

They reported that blood pressure increased with age. But, we obtained a contradictory result.

(그들은 혈압이 나이에 따라 증가한다고 보고하였다. 그러나, 우리는 이와 모순되는 결과를 얻었다)

〈예문〉

In contradiction with those reported earlier, our finding is that blood pressure was invariant to age.

(일찍이 보고된 바와 모순되게 우리가 발견한 것은 혈압이 나이와 관계가 없었다)

"in contradiction with"와 유사한 표현으로 "contrary to(~에 상반되게)"가 있다. "contradictory"는 비교되는 두 가지 중 하나가 참이면 다른 하나는 거짓일 경우에 사용되는 표현이고, "contrary"는 비교되는 두 가지가 다르지만 둘 다 모두 거짓일 수도 있는 경우에 사용되는 표현이다.

〈예문〉

Contrary to worries among some doctors, drinking coffee may protect your heart instead of causing heart problems.

(몇몇 의사들의 우려와 상반되게, 커피를 마시면 심장 문제를 야기시키는 대신에 당신의 심장을 보호할지도 모른다)

B13. A는 ~하다. 반면에 B는 ~하다.
"반면에"를 표현하기 위해 "by comparison" 또는 "in contrast"를 사용한다.

〈예문〉

The northern hemisphere inhabits about 90% of the world's population and is more industrialized. By comparison, the southern hemisphere is less populated and polluted.

(북반구는 세계 인구의 약 90%를 수용하고 있고, 보다 산업화되어 있다. 반면에, 남반구는 인구와 오염이 더 적다)

위 2개의 문장을 "whereas" 또는 "while"이라는 접속사를 써서 다음과 같이 하나의 문장으로 결합할 수도 있다.

The northern hemisphere inhabits about 90% of the world's population and is more industrialized, whereas the southern hemisphere is less populated and polluted.

B14. A의 결과로 B가 되다.

A results in B.

A가 원인이 되어 B라는 결과가 초래된다는 뜻이다.

〈예문〉

An increase in cholesterol in the blood may result in viscous blood.

(혈액 내 콜레스테롤의 증가는 끈끈한 혈액을 초래할 가능성이 있다)

〈예문〉

Eating high-lipid foods increases the cholesterol content in the blood, resulting in viscous blood.

(기름기가 높은 음식을 먹으면 혈액 내 콜레스테롤 함량을 증가시키고, 결과적으로 끈끈한 혈액을 초래한다)

"~의 원인으로 ~가 초래된다"를 표현하는데 "as a result" 또는 "resultantly"를 사용하기도 한다.

〈예문〉

Eating high-lipid foods increases the cholesterol content in the blood. As a result, the blood becomes viscous.

(기름기가 높은 음식을 먹으면 혈액 내 콜레스테롤 함량이 증가한다. 결과적으로, 혈액이 끈끈해진다)

"As a result"를 "Resultantly"로 대체 가능하다.

"result"에 "ing"를 붙여 "결과적으로 초래되는"이라는 의미로 사용되기도 한다.

〈예문〉

Eating high-lipid foods increases the cholesterol content in the blood. The resulting effect is shown in Figure 1.

(기름기가 높은 음식을 먹으면 혈액 내 콜레스테롤 함량이 증가한다. 결과적으로 초래되는 효과를 그림 1에 나타냈다)

B15. A가 B로 이어지다.

A leads to B.

〈예문〉

An increase in cholesterol in the blood will result in viscous blood, which may eventually lead to heart failure.

(혈액 내 콜레스테롤의 증가는 혈액이 끈적해지는 결과를 초래할 것이고, 이

것이 마침내 심장 마비로 이어질 가능성이 있다)

B16. A가 B에 어떤 영향을 미친다.
A has an effect on B.

〈예문〉

The moisture content in wood has an effect on the ignition temperature of the wood.
(목재 내 수분 함량이 그 목재의 발화 온도에 영향을 미친다)

B17. 우리가 발견한 것들에 의하면 ~하다는 것을 암시한다.
Our findings imply that ~.
뜻에 따라, "imply(암시하다)" 대신에 "indicate(가리키다)", "show(보여준다)", "support(지원한다)" 등으로 교체 사용한다.

〈예문〉

Our findings imply that the heat transfer is controlled by convection.
(우리가 발견한 것들 것 의하면 그 열전달이 대류에 의해 지배된다는 것을 암시한다)

〈예문〉

Our findings indicate strong associations between the clinical manifestations of diseases and their cellular mechanisms.
(우리가 발견한 것들은 질병의 임상 소견과 그 질병 세포의 메커니즘 사이에

강력한 연관성이 있음을 보여주고 있다)

B18. A는 B의 한계이다.

A is a limitation of B.

"limitation"은 능력의 한계를 나타낸다. 한편, 유사어로서 "limit"는 허락의 범위를 나타낸다.

〈예문〉

Study limitations should be identified and discussed in your paper.

(당신의 논문에서 연구의 한계성을 밝히고 논의해야 한다)

〈예문〉

Forty-four μm is the minimum limit of measurement with the sieving method.

(그 체로 치는 방법의 측정 최소한계는 44미크론이다)

그 이하로는 측정할 수 없다는 뜻이다.

B19. 어떤 경우에는 ~하고, 또 다른 경우에는 ~ 하다.

In some cases, ~. In others, ~.

〈예문〉

In some videos, the robot arrived at the destination later than scheduled. In others, it moved in the direction opposite to that intended.

(어떤 경우에는 그 로봇이 예정된 시간보다 늦게 목적지에 도착했고, 또 다른

경우에는 의도된 방향의 반대쪽으로 움직였다)

B20. 우리는 ~하는 것으로 확신한다.
We are convinced that ~.

〈예문〉

We are convinced that advances in automated text mining will eventually enable us to expand substantially the data presented in this manuscript.
(우리는 자동 텍스트 마이닝 분야의 진보가 우리로 하여금 이 원고에서 제공한 데이터를 훨씬 더 확장시킬 수 있을 것으로 확신한다)
텍스트 마이닝이란 텍스트 데이터에서 가치와 의미가 있는 정보를 찾아내는 기법이다.

B21. 우리는 ~할 것이라고 추측한다.
We speculate that ~.

〈예문〉

We speculate that symptom similarities of the two diseases are related to their degree of shared genes.
(우리는 그 두 질병의 증상 유사성이 그들의 유전자 공유 정도와 관련이 있다고 추측한다)

B22. A가 B의 주요한 원인일지도 모른다.
A may be the main reason for B.

〈예문〉

Catalyst deactivation over time may be the main reason for the gradual decrease in reaction rate.

(시간에 따른 촉매의 불활성화가 그 반응속도의 점진적 감소의 주요 원인일지 모른다)

B23. A가 B에 있어서 어떤 역할을 하다.

A plays a role in B.

〈예문〉

We speculate that the new coal-fired power plant played a role in worsening air quality in the neighborhood.

(우리는 그 새로운 석탄 화력 발전소가 주변의 공기 질 악화에 어떤 역할을 했다고 추측한다)

B24. A는 B의 변화에 민감하다.

 A is sensitive to the variation of B.

민감하지 않다는 "sensitive" 대신에 "insensitive"를 사용한다.

〈예문〉

The resolution of the sensor was sensitive to the variation of humidity.

(그 센서의 정밀도는 습도의 변화에 민감하였다)

B25. A를 B의 탓으로 돌리다.
Attribute A to B.

〈예문〉

 They attributed the rapid spread of the coronavirus to the loosening of social distancing.
(그들은 코로나바이러스의 빠른 확산을 사회적 거리 두기의 이완 탓으로 돌렸다)

B26. A에 관한 더 자세한 내용은 다른 곳에 기술되어 있다.
Details on A are described elsewhere.

〈예문〉

More details on the experimental procedure have been described elsewhere.
(그 실험 절차에 관한 더 자세한 내용은 다른 곳에 기술되어 있다)

B27. A와 B는 각각 C와 D이다.
A and B are C and D, respectively.

〈예문〉

The individual reaction rates are shown for 1000 and 1100 degrees C, respectively, in Figures 11 and 12.
(섭씨 1000도와 1100도에 대한 개별적인 반응속도가 각각 그림 11과 그림 12에 나타나 있다)

B28. A가 B 정도인 것으로 추정된다.

A is estimated at B.

〈예문〉

The bandgap energy of $BiVO_4$ is estimated at 2.4 eV.

($BiVO_4$의 밴드갭 에너지는 2.4 eV인 것으로 추정된다)

"estimated at" 와 유사한 표현으로 "estimated to be"가 있다.

"estimated to be"는 미래의 의미가 담겨 있으며 "~정도 될 것으로 추정된다"로 해석할 수 있다.

〈예문〉

The world population in 2100 is estimated to be around eleven billion.

(2100년 세계 인구는 약 110억이 될 것으로 추정된다)

B29. A가 처음에는 증가하다가 최고치에 도달한 후 감소한다.

"A" increases initially, reaches a maximum, and decreases after that.

〈예문〉

The temperature in the reactor increased initially at a sharp rate, reached a maximum of 100 degrees C, and decreased slowly after that.

(그 반응기 내 온도는 처음에 급격하게 증가했고, 최대 섭씨 100도에 도달하였으며, 이후 천천히 감소하였다)

B30. A 가 증가하다가 B 로 일정해지는 것으로 관찰된다.

A increases initially and then is leveled off at B.

〈예문〉

In Figure 7, the temperature of the first thermocouple was observed to increase initially and then level off at about 100 degrees C.

(그림 7에서 보면, 첫 번째 열전대의 온도는 처음 증가하다가 그다음에는 섭씨 100도로 일정해지는 것이 관찰되었다)

B31. A에 관한 데이터가 별로 없다.

Little data on A are available.

〈예문〉

Little data are available on the effect of brain size on the intelligence of human beings.

(인간의 뇌 크기가 지능에 미치는 영향에 관한 데이터가 별로 없다)

B32. 앞으로 수행되어야 일이 아직 많이 남아 있다.

Still, much work remains to be done.

〈예문〉

 Still, much work remains to be done to make the method practical in laboratories.

(그 방법을 실험실에서 실용적으로 만들기 위해서는 아직 해야 할 일이 남아

있다)

B33. "A"는 도전과제로 남아 있다.

"A" remains a challenge.

〈예문〉

Faster detection of the coronavirus remains a challenge.

(더 신속하게 코로나바이러스를 검출하는 것은 도전과제로 남아 있다)

과학기술 논문 영어로 쓰기
—영작문을 중심으로

초판 1쇄 발행 2022년 11월 25일

지은이   박균영
펴낸곳   Soljai 출판
출판등록 2021년 10월 15일 등록번호 제2021-000024호
주소   충남 아산시 배방읍 북수로 116, 108-602
전화   070-4320-8637
이메일   kypark2008@gmail.com

ISBN 979-11-977415-1-7(03740)

값 16,000원

Soljai 출판